Anselm Grün
# Kleines Buch vom inneren Einklang

Anselm Grün

# Kleines Buch vom inneren Einklang

FREIBURG · BASEL · WIEN

Anselm Grün OSB, Dr. theol., geboren 1945, Cellerar der Abtei Münsterschwarzach, Meditationsleiter. Seine Bücher sind weltweit verbreitet und haben Millionenauflagen erreicht. Bei Herder u.a. Kleines Buch vom wahren Glück; Einfach leben; Gelassen älter werden; Das große Buch der Lebenskunst; Perlen der Weisheit; Kleines Buch der wahren Liebe; 50 Engel für das Jahr. Sein periodischer Monatsbrief „Einfach leben" inspiriert mit Texten zu Spiritualität und Lebenskunst (www.einfachlebenbrief.de).

# Inhalt

Vorwort   7

Lass die Sorgen   13

Komm in Einklang   59

Einfach leben   109

# Vorwort

Was braucht man, um wirklich glücklich zu werden? Nicht viel, sagt der jüdische Religionsphilosoph Abraham J. Heschel. Eigentlich nichts, was nicht schon längst da wäre. „Gott, eine Seele und ein Augenblick. Diese drei sind immer da. Einfach da sein ist ein Segen, einfach nur leben ist heilig." Rabbi Heschel war nicht nur ein großer Gelehrter. Er war auch ein weiser Lebenslehrer, der in einer klaren und doch fast poetischen Sprache auf den Punkt bringen konnte, was wichtig ist. Er ist überzeugt: Es sind nur diese drei Dinge, die für ein sinnvolles Leben entscheidend sind. Mehr braucht es nicht.

Nicht mehr als drei Dinge möchte auch ich in diesem Buch beschreiben. Ich glaube, dass sie für das Gelingen des Lebens genügen: Die Sorgen lassen. In Einklang mit sich selbst kommen. Und: Einfach leben. Diese Einstellungen oder Haltungen dem Leben gegenüber gehören zusammen, und sie bedingen einander auch.

Um in Einklang mit mir zu kommen, muss ich die Sorgen loslassen. Denn Sorgen haben es an sich, mich zu quälen. Sie drohen mich zu zerreißen. Sie hindern mich daran, mit mir eins zu werden. So muss ich sie loswerden, sie von mir werfen. „Einklang" und „einfach" haben dieselbe Wurzel. Es geht um das Eine und Einfache, um den einen Klang, der einfach tönt, und um die Kunst, die vielen Töne zu einem einzigen werden zu lassen. Wer in sich die vielen Töne zu einem einzigen Klang vereint, der ist einfach geworden, so wie die frühen Kirchenväter Einfachheit verstanden haben. Er ist in ihrem Verständnis letztlich eins geworden mit dem Urklang, eins geworden mit Gott, dem Ursprung allen Seins. Und aus diesem Einssein heraus lebt er einfach, als einer und als einfacher Mensch. Er ist in sich klar und lauter geworden, durchsichtig auf das Eine hin.

Abraham Heschel sagt von dem „Einfach-da-sein", dass es ein Segen ist. Was ist damit gemeint? Wohl Folgendes: Wer einfach da ist, ohne Nebenabsichten, der ist für die Menschen, die ihm begegnen, ein Segen. Er muss, auch und gerade in schwierigen Situationen, für die anderen gar nicht viel tun. Er ist einfach da bei dem, der sein Dasein braucht, bei dem Kranken, der eines anderen bedarf. Er ist jemand, der einfach bei ihm aushält, ohne fromme Worte, ohne mit irgendwelchen Sinnsprüchen seine Krankheit zu deuten. Er ist einfach da bei dem Trauernden, der untröstlich ist und keine vertröstenden Worte erträgt. Wer verzweifelt ist möchte nur einen haben, der einfach da ist, ohne etwas zu sagen, ohne Erklärung, ohne Erwartungsdruck, dass die Trauer sich legen muss.

Wer einfach da ist, ohne zweckgerichtete Interessen, der ist auch ein Segen für die Schöpfung. Er ist im Einklang mit der Schöpfung. Er benützt sie nicht für sich, er beutet sie nicht aus. Er *ist* einfach, mit der Schöpfung und in ihr. Als Teil der Schöpfung blüht er als dieser einmalige Mensch auf. Er wird zum Segen für seine Umgebung.

Abraham Heschel schreibt dem einfachen Leben noch eine andere Qualität zu, die uns zunächst fremd anmutet: Heiligkeit. „Einfach nur leben ist heilig." Wenn wir auf das Wort und seine Bedeutung näher hinhören, verstehen wir eher, was gemeint ist. Das deutsche Wort „heilig" kommt von „heil", das „gesund, unversehrt, ganz, vollständig" bedeutet. Wer einfach lebt, der ist nicht zerrissen. Er ist heil und ganz. Er lebt mit allem, was er ist. Er lebt vollständig. Das lateinische Wort für „heilig" ist „sanctus". Es kommt von „sancire" – abgrenzen, der Welt entziehen. Das Heilige ist das, was der Welt entzogen ist, worüber die Welt keine Macht hat. Wer einfach lebt, der ist ganz bei sich. Er ist nicht von der Welt bestimmt. Er gehört sich selbst und er gehört Gott. Die Welt hat keine Macht über ihn. Das griechische Wort „hagios" meint etwas Ähnliches. „Hagios" führt im Deutschen zu „Gehege" und zu „behaglich". Im heiligen Raum des Geheges fühle ich mich behaglich und geschützt. „Einfach nur leben ist heilig", dieser Satz bedeutet für mich: Ich lebe ganz im Augenblick, ich lebe ganz in Gott. Das macht mich heilig. Das befreit mich von der Macht der Welt, von der Macht der Leidenschaften und Triebe, von der Macht der maßlosen Sucht nach Anerkennung und Erfolg. Dieses einfache Leben geschieht ihm Gehege, im Schutz Gottes. Dort ist es „behaglich". Dort fühle ich mich daheim.

Heinrich Spaemann macht darauf aufmerksam, dass in der Bibel das Wort „heilig" zum ersten Mal in Verbindung mit dem siebten Schöpfungstag vorkommt. Gott heiligt den siebten Tag. „An ihm ruhte er von allem Werk, das er schuf." (Gen 2,3) Die Heiligkeit des siebten Tages hat also in der Ruhe Gottes ihren tiefsten Grund. Ruhen meint Ausruhen von den Werken. Diese Ruhe ist heilig. In ihr bin ich frei von dem Drang, etwas leisten zu müssen. Ich kann das Dasein genießen. Ich bin einfach nur da. Das ist heilig: Wenn wir einfach nur leben, haben wir teil an der Sabbatruhe Gottes. Da sind wir frei von aller Sorge. Da sind wir im Einklang mit uns selbst, mit Gott und mit dem Augenblick. So will uns das Loslassen der Sorgen in die Sabbatruhe Gottes führen, in ein Leben im Einklang mit uns selbst, in das „einfach nur leben", das heilig ist. Nach dieser Ruhe, dieser inneren Zufriedenheit, sucht unser Herz. Und was anderes als diese Herzensruhe meint – zutiefst – *Glück?*

# *Lass die Sorgen*

# Sorge dich nicht – lebe einfach

Sprache ist verdichtete Erfahrung. Jedes Volk hat in seiner Sprache seiner Erfahrung Ausdruck verliehen. Wenn wir auf die Sprache hören, hören wir auch, was in dem Wort „Sorge" mitschwingt. Das griechische Wort für „Sorge" ist „merimna". Es bedeutet: das besorgende Sich-Kümmern um etwas, die bange Erwartung von etwas, die Angst um etwas. Die Sorge hat also mit Zukunft zu tun und immer auch mit der Angst vor dem, was kommen könnte. Aus Angst macht man sich Sorgen. Das deutsche Wort „Sorge" hat die Grundbedeutung von „Kummer, Gram". Und es ist verwandt mit der Wurzel „serg", die auch Krankheit bedeutet. Wenn eine Mutter sagt, sie mache sich Sorgen um ihren Sohn, dann ist sie voller Kummer. Und manchmal kann sie krank werden vor lauter Sorgen.

Wie können wir uns vor krankmachender Sorge bewahren? Es gibt einen Satz, der in unserer auf Sicherheit bedachten Gesellschaft provozierend wirken muss: „Sorgt euch nicht um euer Leben und darum, dass ihr etwas zu essen habt, noch um euren Leib und darum, dass ihr etwas anzuziehen habt." (Mt 6,25) Jesus sagt diesen Satz in seiner Bergpredigt. Er verweist uns auf die Vögel des Himmels und die Lilien des Feldes, für die Gott selbst sorgt. Was heißt das – in einer Gesellschaft, die sich selbst als „Risikogesellschaft" bezeichnet und in der die Versicherungsbranche mit ihren „Rundum-sorglos-Angeboten" boomt? Und ist nicht alles auch eine Frage der Verantwortung? Der Familienvater muss für seine Familie sorgen, damit die Kinder studieren können oder eine Ausbildung bekommen. Jeder muss für das Alter vorsorgen. Ist die Forderung Jesu also unrealistisch? Jesus will sicher nicht, dass wir nur in den Tag hinein leben und keine Verantwortung für unser Leben übernehmen. Aber er lädt uns zu einer anderen Sichtweise ein, wenn er einlädt, unser Leben in Dankbarkeit zu verbringen und im Vertrauen, dass

Gott für uns sorgt. Als Grund gibt er an: „Wer von euch kann mit all seiner Sorge sein Leben auch nur um eine kleine Zeitspanne verlängern?" (Mt 6,27) Lebe dein Leben im Einklang mit dir und mit Gott. Dann wird es ein gutes Leben.

# Wo liegt das Problem?

Innere Unruhe ist der tiefste Grund und nicht nur eine Begleiterscheinung der Sorge. Die stoische Philosophie strebte deswegen danach, den Menschen zur inneren Ruhe zu führen. Sie wollte den Menschen auch von unnützen Sorgen befreien. Epiktet, ein wichtiger Vertreter der stoischen Lehre, der auch gerne von den frühen Mönchen zitiert wurde, stellte die Behauptung auf: „Was uns Menschen beunruhigt, sind nicht die Dinge, sondern unsere Urteile über die Dinge." Wir sorgen uns zum Beispiel, ob es morgen beim Ausflug regnet. Doch der Regen muss uns nicht beunruhigen. Es kommt auf unser Urteil über den Regen an. Wenn wir ihn positiv sehen, dann kann ein Ausflug auch im Regen gelingen. Oder wir sind voller Unruhe, ob die Entscheidung, die wir getroffen haben, richtig war oder nicht. Doch nicht die Entscheidung ist das Problem, sondern unsere Deutung. Wenn wir uns von

einem Ideal her definieren, nämlich dass unsere Entscheidungen immer absolut richtig sein müssen, dann sind wir ständig in Sorge. Wenn wir aber nach bestem Wissen und Gewissen entscheiden und alles andere Gott überlassen, verliert sich die Sorge.

# Durch das Schlüsselloch

Verdrängen hilft in der Regel nicht. Man kann zwar versuchen, die Tür hinter den Problemen zuzumachen, aber das nützt nichts. Goethe hat das sehr genau gesehen: „Die Sorge, sie schleicht sich durchs Schlüsselloch ein." Es ist nicht so leicht, sich vor der Sorge zu schützen. Ich kann versuchen, mit dem Verstand die Sorgen, die ich mir etwa um die Reise meines Freundes mache, zu vertreiben. Ich kann die Kinder loslassen und mit ihnen die Sorgen um sie. Doch die Sorge lässt sich nicht so leicht wegwischen. Wenn ich glaube, ich hätte die Türen meines Lebenshauses vor der Sorge gut verschlossen, so schleicht sie sich durchs Schlüsselloch wieder ein. Ich überlasse am Abend meine Sorgen Gott. Doch wenn ich morgens aufwache, ist die Sorge wieder da. Sie hat sich vielleicht heimlich im Traum in mich eingeschlichen. Es gibt solche Einfallschneisen oder „Schlüssellöcher, durch die unsere Seele zugänglich und offen ist. Ich kann die Sorge nicht ein für alle mal aussperren. Ich muss sie immer wieder bitten, mein Haus zu verlassen. Aber ich weiß, ich werde sie nie ganz los. Vielleicht hilft es, die Perspektive zu wechseln?

Goethe zeigt in folgendem Doppelvers eine andere Sichtweise über die Sorge:

> „Willst du mich nicht glücklich lassen,
> Sorge, nun so mach mich klug."

Dahinter steht die Erfahrung: Die Sorge lässt mich mein Glück nicht genießen. Da ich sie nie ganz ausschließen kann aus dem Haus meiner Seele, soll sie wenigstens eine positive Aufgabe in meinem Seelenhaushalt übernehmen. Sie soll mir Klugheit schenken. Die Sorge kann mich lehren, gut aufzupassen, dass mein Lebensglück nicht zerstört wird. Wenn die Sorge mich zur Klugheit führt, dann hat sie ihre Lebensaufgabe erfüllt. Sie erinnert mich immer wieder daran, mein Lebenshaus auf festen Grund zu bauen und nicht auf den Sand von Illusionen. Das ist übrigens für Jesus der Sinn der Klugheit. Der kluge Mann baut sein Haus auf den Felsen und nicht auf den Sand. Die Sorge war für Goethe offensichtlich die Lehrmeisterin der Klugheit. Wir können von ihm lernen, wenn die Sorgen wieder einmal vor unserer Tür – oder schon mitten in unserem Haus – stehen.

# Der Türöffner

Die Angst ist die Schwester der Sorge. Wir machen uns viele Sorgen, weil wir Angst haben, es könnte etwas eintreten, was uns überfordert. Ein chinesisches Sprichwort besagt, dass die Angst an die Tür unserer Seele klopft: „Die Angst klopft an die Tür. Das Vertrauen öffnet. Niemand steht draußen." Die meisten werden die Sorge an die Tür schicken, um zu öffnen. Das Klopfen der Angst verdrängt in uns allzu oft das Vertrauen. Es traut sich nicht an die Tür. Das Sprichwort will uns einladen, das Vertrauen, das trotz aller Angst auch in uns ist, öffnen zu lassen. Keiner von uns hat nur Angst, keiner hat nur Vertrauen. Wir haben immer beides. Es ist unsere Entscheidung, wen wir zum Türöffner machen. Wenn das Vertrauen öffnet, werden wir die befreiende Erfahrung machen können, dass niemand draußen steht. Es war nur die Angst unserer Seele, aber niemand in der realen Welt, der da an unsere Tür geklopft hat.

# Verleidetes Leben

„Es gibt drei Sorten von Menschen: solche, die sich zu Tode sorgen; solche, die sich zu Tode arbeiten; und solche, die sich zu Tode langweilen." Die Ironie dieses Satzes von Winston Churchill besteht darin, dass natürlich jeder weiß: Wie sehr wir uns auch mühen und abrackern und wie auch immer unsere Einstellung zum Dasein ist – wir alle werden sterben müssen, auf jeden Fall. Die Frage ist, wie wir die Zeit bis zum Tod gestalten. Wir können sie mit Sorgen, mit Arbeit oder mit Langeweile verbringen. Churchill selber war weder ein Grübler noch von Langeweile zerfressen. „Ich bin zu beschäftigt. Ich habe keine Zeit, mir Sorgen zu machen", hat er einmal angemerkt. Aber das, was er gesagt hat, stimmt. Man kann sich wirklich zu Tode sorgen. Denn Sorgen, Arbeiten und Langeweile können auch in einem übertragenen Sinne direkt zum Tode führen: Wir können uns mit Sorgen das Leben verleiden und unser Leben hier schon abwürgen. Und wir können so viel arbeiten und uns so viel sorgen, dass wir ein frühes Sterben damit verursachen. Weder übertriebene Sorge noch zu viel Arbeit und vor allem nicht die Leere der Langeweile sind erstrebenswert, sondern ein angemessenes Leben, ein Sorgen und Arbeiten, das unserem Maß entspricht.

# Seelenmüll

Wir machen uns um vieles Sorgen. Und oft schlägt die Sorge in Kummer und Gram um, die uns belasten. Der Humorist Mark Twain hat da seine eigene Erfahrung gemacht: „Ich bin ein alter Mann und habe viel Kummer gesehen, aber das meiste davon ist nie passiert." Mark Twain hat viele Menschen erlebt, die sich den Kopf zerbrochen haben, was ihr Leben zerstören könnte und was sie überfordern würde. Doch oft genug entsprach dem Kummer in den Herzen der Menschen keine objektive Tatsache. Das deutsche Wort „Kummer" kommt vom mittelhochdeutschen „kumber", das „Schutt, Müll, Mühsal" bedeutet. Im Kummer belastet uns viel seelischer Schutt. Doch dem seelischen Müll entspricht oft kein Schutthaufen draußen in der wirklichen Welt. Wir denken uns vielmehr die Hindernisse aus, die sich uns in den Weg legen könnten.
Lachen befreit – auch von der Fixierung auf

eigene Ängste. Vielleicht sind sie nur ein Phantom. Die Erfahrung von Mark Twain könnte uns die Augen dafür öffnen. Vielleicht lassen wir umsonst das Herz mit Kummer belasten. Lassen wir unnötige Ängste da, wo sie hingehören – auf dem Müll.

# Sorgen können schwimmen

> „Sorgen, das sind schlimme Gäste,
> kleben zähe, sitzen feste."

Das hat der Dichter Otto Julius Bierbaum einmal konstatiert. Es gibt verschiedene Möglichkeiten mit solchen Gästen umzugehen. Viele können ihre Probleme nicht aushalten und sich mit der Dauerpräsenz solcher Belastungen nicht abfinden. Sie stellen sich ihnen nicht, sondern möchten sie vernebeln oder im Alkohol ertränken. Der Schauspieler Heinz Rühmann warnte vor dieser Methode. Sie ist unwirksam: „Sorgen kann man nicht in Alkohol ertränken – Sorgen können schwimmen." Es braucht andere Wege. Wer sie mit Alkohol verdrängen will, bekommt neue Sorgen. Er wird von der Angst geplagt, abhängig zu werden vom Alkohol und dann seine Arbeit zu verlieren oder in seinem ganzen Lebenskonzept zu scheitern. Die Angst will er wieder mit

Alkohol unterdrücken. Doch dann entsteht ein Teufelskreis, der ihn in immer größere Sorgen und Ängste hineinführt. Ein wirkungsvoller Weg ist, den Sorgen mutig ins Auge zu schauen und sie Gott hinzuhalten. So finden wir den Weg, mit den Sorgen angemessen umzugehen, ohne uns von ihnen bestimmen zu lassen.
Ein anderer Weg ist, aktiv mit Problemen umzugehen.

Otto Julius Bierbaum rät lakonisch:

> „Musst ihnen nur hurtig den Rücken drehn;
> Wenn sie dich bei der Arbeit sehn,
> bleibt ihnen nichts übrig, als weiter zu gehn."

# Großer Wurf

Kein Leben verläuft nur wunschgemäß oder genau nach den Plänen, die wir uns machen. Und immer wieder erfahren wir: Wir haben nicht alles in der Hand, so sehr wir uns auch anstrengen mögen. Es gibt Phasen im Leben, in denen uns die Probleme geradezu erdrücken und trotz all unserer Bemühungen Lösungen nicht in Sicht sind. Zu allen Zeiten hat es das gegeben. So ist unser Leben nun einmal. Auch die Bibel erzählt davon – und sie gibt auch einen Rat, wie damit umzugehen ist. „Wirf deine Sorge auf den Herrn, er hält dich aufrecht!", so heißt es in Psalm 55,23. Der Psalmist rechnet damit, dass wir voller Sorgen sind. Aber er verzweifelt nicht über dieser Realität. Seine Empfehlung: Wir sollen nicht um die Sorgen kreisen. Wir sollen sie auf den Herrn werfen. Es ist ein schönes Bild. Wir sollen die Sorgen nicht einfach abtun oder wegwerfen, sondern sie gezielt auf Gott werfen.

Wir sollen Gott mir unseren Sorgen buchstäblich bewerfen. Im Werfen steckt beides: Aggression, aber zugleich Befreiung. Wenn ich einen Stein voller Kraft wegwerfe, fühle ich mich freier. So – sagt der Psalmist – soll ich meine Sorgen anschauen und dann auf Gott werfen. Der Lohn solchen Werfens ist, dass ich aufrechter stehen kann. Gott selbst hält mich aufrecht. Ich bekomme neues Stehvermögen. Wer sich sorgt, der kann nicht ruhig stehen bleiben. Er ist immer unruhig unterwegs. Und wenn er zum Stehen kommt, dann tippelt er herum. Das Loslassen der Sorgen ist eine Bedingung, um aufrecht zu stehen, um zu sich zu stehen und um etwas durchzustehen.

# Wenn es dunkel wird und kalt

Ingeborg Bachmann fragt in einem Gedicht
(„Reklame", 1956):

> „wohin aber gehen wir
> ohne sorge sei ohne sorge
> wenn es dunkel und wenn es kalt wird
> sei ohne sorge
> aber
> mit musik
> was sollen wir tun"

Sie zitiert in diesen Versen mehrere Male das Wort Jesu „Sei ohne Sorge". Aber sie hält dieses Wort Jesu in die Dunkelheit und Kälte unseres Lebens. Trägt das Wort Jesu, wenn alles in uns dunkel wird und wenn die Kälte nach unserem Herzen greift? Ingeborg Bachmann verweist auf die Musik. Sie ist für sie der Ort, an dem wir mitten in der Dunkelheit und Kälte unseres Lebens etwas von der Sorglosigkeit erahnen, von der Jesus spricht. Mozart hat in seiner Musik diese Sorglosigkeit zum Ausdruck gebracht. Aber er hat uns keine heile Welt vorgegaukelt. Er lässt die Sorglosigkeit mitten in den Ängsten und Abgründen der menschlichen Seele erklingen. Diese Sorglosigkeit ist der Ort, an den wir in der finsteren Kälte gehen können, an dem uns Heimat und Geborgenheit, Wärme und Licht entgegenströmen.

# Der Ernstfall des Lebens

Unserem normalen Sprachverständnis nach weist „Sorge" auf Kummer und Gram hin. Doch hat Sorge, wenn wir genauer hinhören, auch eine positive Bedeutung: Wir „sorgen" für einen Menschen und zeigen ihm dadurch unsere Zuneigung. Oder wir werden „umsorgt". Wir gehen „sorgsam" mit den Dingen unseres Alltags um. Je mehr wir eine Sache schätzen oder lieben, desto mehr Sorgfalt lassen wir ihr angedeihen. Wir prüfen sorgfältig einen Sachverhalt, damit wir auch wirklich eine gute Lösung finden. Und alle würden darin übereinstimmen: Ohne Fürsorge kommt unsere Gesellschaft nicht aus. „Für jemand sorgen zu dürfen – auch das ist eine Erfahrung des Glücks." Regina Ammicht-Quinn hat das gesagt, die Glück den Ernstfall des Lebens nennt und damit kritisch ist gegen jedes allzu seichte Verständnis von Glück. Für sie kann die Sorge sogar ein entscheidender Weg zum

Glück werden: *Sorge um* jemanden ist etwas ganz anderes als Sorge *für* jemanden. Eine solche Sorge schafft Raum für sinnvolles Leben. Sie steht für ein Leben in Verbindung mit dem, „woran unser Herz hängt". Hier geht es nicht um eine Sorge aus Angst, sondern um eine Sorge aus Liebe. Weil ich jemanden liebe, sorge ich für ihn. Ich besorge ihm, was er fürs Leben braucht. Ich versorge ihn mit dem Notwendigen und bin gleichzeitig selber erfüllt von dem, was ich tue. Die Mutter sorgt gerne für ihre Kinder. Und die Kinder erfahren in der Sorge der Mutter ihre Liebe. Und ist es nicht wunderbar, ja ein Glück, zu wissen, dass wir in Beziehungen zu anderen stehen, zu Menschen, die uns tragen und denen wir eine Hilfe sein dürfen?

# Der Fehlerfriedhof

Wir kreisen in unseren Gedanken oft um die Fehler der anderen. Wir regen uns auf, wenn ein Freund unseren Geburtstag vergisst oder wenn er im Gespräch nicht richtig zuhört. Wir können dann tagelang über unsere Verletztheit reden und uns immer mehr hineinsteigern in den Ärger über den unsensiblen Freund oder die treulose Freundin. Ein wichtiger Aspekt des Loslassens ist das Verzeihen: Anstatt dem anderen seine Fehler nachzutragen, vergeben wir sie, lassen wir sie los, lassen wir sie bei ihm. Henry Ward Beecher, ein amerikanischer Geistlicher, der sich auch sehr aktiv für die Abschaffung der Todesstrafe in seinem Land eingesetzt hat, hat die heilende Wirkung des Verzeihens in einem schönen Bild zum Ausdruck gebracht: „Jeder Mensch sollte einen nicht zu kleinen Friedhof besitzen, auf dem er die Fehler seiner Freunde begräbt." Was begraben ist, sollen wir im Grab

lassen und nicht ständig darin herumwühlen.
Manchmal träumen wir vom Grab. Das ist
immer eine Mahnung, sich von Altem zu
verabschieden und loszulassen.

# Einladung

Wir meinen in aller Regel, der andere sei schuld, wenn wir uns über ihn ärgern. Der jüdische Rabbi Charles Klein dreht die Perspektive um – auf uns selber: „Jeder, der dich ärgert, besiegt dich." Dass wir uns über einen anderen ärgern, können wir kaum verhindern. Aber wenn wir dem Ärger in uns zu viel Raum lassen, geben wir dem anderen Macht über uns. Der andere bestimmt unsere Stimmung. Wir lassen uns von ihm besiegen. Es hat wenig Sinn, den Ärger zu unterdrücken. Manche wollen ihren Ärger sofort loswerden. Aber was ich loswerden will, das wird mich nachträglich verfolgen. Auch hier geht es darum, loszulassen. Loslassen kann ich aber nur, was ich angenommen und angeschaut habe. Wenn ich den Ärger bewusst wahrnehme, dann kann ich mich auch von ihm distanzieren. Ich beschimpfe meinen Ärger nicht. Ich schaue ihn an und spreche mit ihm: „Da bist du wieder. Ich kenne dich. Du regst dich auf über den anderen. Lass ihn doch. Er darf doch so sein, wie er ist. Lebe du jetzt in diesem Augenblick ganz für dich." So wird der Ärger eine Einladung, mich selber zu spüren und ganz im Einklang mit mir zu sein.

# Wie der Vogel singt

Viele junge Menschen leiden heute an Perspektivlosigkeit. Das hat auch seelische Konsequenzen. Depressionen nehmen gerade bei Jugendlichen immer mehr zu. Johannes Bosco war ein charismatischer Seelsorger, ein Freund gerade „schwieriger" Jugendlicher im Turin des 19. Jahrhunderts. Die Probleme der Jugendlichen seiner Zeit waren sicher andere als die der Gegenwart. Trotzdem ist er ein bleibendes Vorbild darin, wie er jungen Menschen begegnete. Sein soziales Gewissen, seine Einfühlungskraft in andere, vor allem auch seine optimistische Lebenseinstellung hat die jungen Menschen angezogen. Dieser Seelsorger setzte als Erzieher auch schwieriger junger Menschen nicht auf Zwangsmittel oder Strafen. Er setzte auf Liebe und Vertrauen. Er hat das Wort Jesu von der Sorglosigkeit verstanden. Jesus verweist auf das Vertrauen der Vögel. Sie singen einfach und vertrauen darauf, dass Gott sie nährt. Daraus formuliert Don Bosco seinen Rat: „Machs wie der Vogel, der nicht aufhört zu singen, auch wenn der Ast bricht. Denn er weiß, dass er Flügel hat." Realismus und Bodenhaftung sind wichtig. Aber manchmal bräuchten wir auch etwas von der Leichtigkeit des Vogels. Er singt, auch wenn der Ast, auf dem er sitzt, bricht. Wie der Vogel, so hat auch unsere Seele Flügel. Sie kann uns über die alltäglichen Probleme hinweghelfen. Sie beflügelt uns und hilft so, alles von einer anderen Warte aus zu betrachten. Dann relativieren sich unsere Sorgen und Ängste. Mitten in unserer Angst, dass der Boden, auf dem wir stehen, schwankt, erheben wir uns mit unserer Seele zum Himmel. Dort kann uns die Angst nicht mehr erreichen. Der Rat zur Gelassenheit, der zu einem geflügelten Wort geworden ist, stammt ebenfalls von Don Bosco: „Fröhlich sein und die Spatzen pfeifen lassen!"

# Das gibt sich

Johann Wolfgang von Goethe spricht in einem kleinen Gedicht eine Erfahrung an, die sehr leicht daherkommt und doch das Schwere nicht ausschließt:

> „Lass nur die Sorge sein,
> Das gibt sich alles schon!
> Und fällt der Himmel ein,
> Kommt doch eine Lerche davon."

Goethe hat die Sorglosigkeit der Vögel als Bild für unser Leben verstanden und in ihnen die Fähigkeit symbolisiert, sich über die Dinge zu erheben, die uns Angst machen und bedrohen. War es bei Don Bosco der Ast, der unter uns abbrechen kann, so ist es für Goethe der Himmel, der über uns einfallen kann. Der Vogel hat weder den Ast nötig, auf dem er sitzt, noch den Himmel, der über ihm zusammenbrechen kann. Er ist frei. Er fliegt dorthin, wo er Raum hat. Selbst wenn das Lebensgebäude, das wir mühsam errichtet haben, einstürzt und zusammenkracht, die Seele ist an diese Äußerlichkeiten nicht gebunden. Sie ist wie ein Vogel, die all dem entkommen kann.

# Keine leichte Kunst

Manchmal erlebe ich Menschen, die sich an sich selbst festhalten. Sie meinen, alles loslassen zu können. Aber ihre herabhängenden Schultern zeigen, dass dem nicht so ist: Sie sind innerlich gefangen. Oft braucht es lange, bis sie wirklich loslassen können. Loslassen ist eine befreiende Kunst. Denn das Festhalten bindet und blockiert uns. „Ich muss loslassen, woran ich mich geklammert hatte. Solange ich diese Tatsache als Verlust für mich auffasste, war ich unglücklich. Aber sobald ich sie unter dem Aspekt betrachtete, dass Leben im Loslassen und im Tod befreit wird, kam ein tiefer Friede über meinen Geist." Rabindranath Tagore, der diese Einsicht formuliert hat, weiß: Wenn wir uns zu sehr an etwas klammern, werden wir handlungsunfähig. Wenn wir zu gierig etwas haben wollen, sind wir gefangen. Uns sind die Hände gebunden. Loslassen hingegen ist ein Akt der inneren Befreiung.

Loslassen kann tatsächlich manchmal ganz schön schwierig sein, und Gelassenheit ist eine Kunst, die keinem in den Schoß fällt. Eine Kunst muss man erlernen. Das ist oft – und keineswegs nur für junge Menschen – nicht ganz einfach. Es klingt etwas eigenartig, dass man für die Gelassenheit etwas tun sollte. Es doch kein Tun, sondern ein Lassen. Aber gerade das Lassen im Tun zu üben, ist die eigentliche Kunst. Ich wünsche gerade den Menschen, die viel zu tun haben, diese Kunst. Sie besteht darin, etwas einfach geschehen zu lassen. Was wir verbissen tun, wird keinen Segen bringen. Was in Gelassenheit geschieht, das lässt der, für den es geschieht, auch lieber in sich ein. Er wird sich daran nicht verbeißen, sondern das Gelassene auf seiner Zunge zergehen lassen. Und sich daran erfreuen.

# Das Gegenprogramm

Zum Loslassen gehört auch, sich von seinen eigenen Größenphantasien zu befreien. Viele Menschen sind todunglücklich, weil sie an ihren Illusionen von sich selbst festhalten. Sie halten an dem Wunschbild fest, wichtig zu sein, der beste, der spirituellste, der intelligenteste Mensch zu sein. Giuseppe Roncalli, der spätere Papst Johannes XXIII., hat diese Versuchung, an Illusionen festzuhalten, offensichtlich auch gekannt. Aber er hat für sich ein Gegenprogramm entwickelt: „Das Bewusstsein meiner Unzulänglichkeit erhält mich in der Einfachheit und erspart es mir, lächerlich zu werden." Und ein anderes Mal spricht er sich selber an: „Giovanni, nimm dich nicht so wichtig!" In solchen Sätzen spüren wir eine erlösende Menschlichkeit. Er war, von außen betrachtet, in hohen Würden. Aber er musste sich nicht anstrengen, das Ideal der Gelassenheit und Einfachheit zu erfüllen. Das Wissen um seine eigene Unzulänglichkeit hat ihn von alleine zu dieser Einfachheit und Klarheit geführt. Wer um sich weiß und sich von Illusionen verabschiedet, der ist vor der Gefahr geschützt, lächerlich zu werden, sobald diese Illusionen von anderen zerstört werden.

# In einer guten Hand

„Sorge tötet die stärksten Menschen." So heißt es im Babylonischen Talmud, einer berühmten Sammlung jüdischer Weisheiten. Es gibt eine Sorge, die uns auszehrt und verzehrt. Sie raubt uns alle Kraft. Wer sich zu viel Sorgen macht, der hat keinen Appetit mehr. Er magert ab. Wir sehen es einem an, wenn er von Sorgen gequält wird. Aber gegen diese Sorge, die uns zu töten vermag, gibt es Heilmittel. In der biblischen Tradition ist es das Vertrauen auf Gottes Fürsorge. Gott selbst sorgt für mich, also brauche ich mich nicht von den Sorgen verzehren zu lassen. Und eine ganz konkrete Hilfe ist es, Gott meine Sorgen hinzuhalten. Das Gebet bietet die Chance dazu. Dann lösen sie sich auf oder relativieren sich zumindest. Im Gebet wächst das Vertrauen, dass ich mit meinen Sorgen in Gottes guter Hand bin.

# Umarme deine Wut

Ärger, Angst und Wut sind die größten Unruhestifter in unserem Herzen. "Umarme deine Wut" rät der Zen-Meister Thich Nhat Hanh. Das ist leichter gesagt als getan. Doch wenn ich versuche, meinen Ärger oder meine Wut zu umarmen, kann sie sich nicht ausbreiten und das ganze Herz besetzen. Ich umarme einen Menschen, wenn ich ihn liebe. Meine Wut zu lieben, ist nicht so einfach. Ein erster Schritt besteht darin, dass ich meine Wut nicht verurteile und bewerte. Ich nehme sie in den Arm und schaue sie mir liebevoll an. Und ich beginne mit ihr ein Gespräch: "Was willst du mir sagen? Warum bist du so wütend? Was hat dich verletzt? Welche Sehnsucht steckt in dir?" In so einem Gespräch, das ich ohne Vorwürfe, sondern liebevoll führe, wird mir die Wut einiges über mich sagen. Wenn sie sprechen darf, wird sie nicht mehr grundlos wüten. Sie wird mich auf wichtige Bereiche meiner Seele aufmerksam machen, die ich übersehen habe. Wenn ich die Wut umarme, gestatte ich ihr, dass sie sein darf. Und wenn sie sein darf, braucht sie sich nicht mehr so lauthals bemerkbar machen. Sie wird mir zum Begleiter auf meinem Weg.

# Ob Lachen, ob Weinen

Dass die Zeit, unsere Lebenszeit, uns als Aufgabe gegeben ist, finden wir in östlichen und westlichen Traditionen. Im Zen-Buddhismus gibt es Weisheiten, die denen der stoischen Philosophie ähnlich sind. Da heißt es: „Ob man das Leben lachend oder weinend verbringt, es ist die gleiche Zeitspanne." Die großen spirituellen Lehrer sind sich darin einig: Wir sind verantwortlich dafür, mit welcher Stimmung wir die Zeit verbringen, mit Angst oder Vertrauen, mit Freude oder Trauer, mit Sorge oder Zuversicht. Auch hier hängt es von der Deutung ab, die wir dem Leben geben. Wenn wir alles negativ sehen, dann werden wir unsere Zeit weinend verbringen. Wenn wir uns zu viele Sorgen machen, dass unsere Vorstellungen vom Leben auch eintreffen, dann wird das Leben anstrengend. Denn wir haben nie die Sicherheit, dass sich unsere Wünsche erfüllen. Wenn wir uns aber dem

Leben überlassen, im Vertrauen, dass es gut ist, wie es ist, dass es gerade so sein darf, wie wir es erleben, dann können wir jeden Augenblick genießen.

# Die Sorgenschachtel

Abwarten kann Ausdruck von Unentschlossenheit, manchmal auch von Trägheit sein. Aber es kann auch eine Tugend sein – und manchen überflüssigen Ärger ersparen. Auf dem Schreibtisch des Gründers der Automobilfirma Chrysler, Walter Chrysler, stand eine Schachtel, in der er all das verwahrte, was ihm Sorgen bereitete. Nach einer Woche prüfte er, was von seinen Sorgen noch übrig war. Die meisten Dinge hatten sich von selbst gelöst, und andere hatte er in der Zwischenzeit einfach vergessen. Er begriff, dass die meisten Sorgen etwas von einem Schnupfen haben: Ob man ihm nun sieben Tage oder nur eine Woche gibt – das ist eine Frage der Einstellung. An den Tatsachen ändert es nichts. Ob man sich Sorgen macht oder nicht, bleibt sich gleich. Walter Chrysler hat die Wahrheit des Satzes erfahren: „Viele Probleme erledigen sich von selbst, wenn man ihnen Zeit dazu lässt." (Krishna Menon)

# Leben ist nicht morgen, Leben ist jetzt

Abbas Poimen war einer der großen Wüstenväter aus dem vierten Jahrhundert. Zu ihm kamen viele Ratsuchende. Einer stellte ihm einmal die Frage, für wen das Wort der Schrift gelte: „Sorget nicht für morgen." Poimen gab zur Antwort: „Es ist zu einem Menschen gesagt, der wegen einer Versuchung verzagt wird und sich voller Sorgen fragt: Wie lange werde ich diese Versuchung noch aushalten? Doch sollte er lieber nachdenken und sich täglich sagen: Heute!" Es ist eine eigenartige Deutung, die Poimen dem Wort Jesu gibt. Ihm geht es nicht um die Sorge um Nahrung oder Kleidung. Vielmehr bezieht er es auf die Sorge um das Bestehen des Lebens. Ich kenne viele Menschen, für die dieses Wort hilfreich wäre. Sie sind voller Sorge, ob sie mit ihrer Depression zurechtkommen, ob sie der Versuchung zur Verzweiflung oder Resignation widerstehen können. Ihnen gilt der Rat: Sorge nicht für morgen. Lebe jetzt in diesem Augenblick. Jetzt hast du genügend Kraft. Was morgen ist, das überlasse dem kommenden Tag. Oder aber überlasse es Gott, der dich auch morgen trägt.

# Wenn es Nacht wird

Der Aphoristiker Georg Christoph Lichtenberg, ein scharfsichtiger Beobachter der menschlichen Verhältnisse, hat einmal notiert: „Das Sorgenschränkchen, das Allerheiligste der innersten Seelenökonomie, das nur des Nachts geöffnet wird. Jedermann hat das seinige." Er will damit sagen: Viele lassen untertags ihre Sorgen nicht zu. Man möchte sich nicht in seinen Geschäften stören lassen. Man will gegenüber seiner Umgebung als problemlos und fröhlich erscheinen. Man will sich nicht aussondern durch seine ganz persönlichen Sorgen. Aber sie lassen sich nicht verdrängen. Nachts kommen sie hoch. Manchmal wälzen sich Menschen dann hin und her und können nicht einschlafen. Sie nehmen die Sorgen mit in den Schlaf.

Ein litauisches Sprichwort drückt eine andere Erfahrung aus: „Die Nacht ist das Löschblatt vieler Sorgen." Wenn ich vor dem Schlafengehen meine Sorgen Gott anvertraue, kann ich mich ruhig schlafen legen. Und dann werde ich am nächsten Morgen erfahren, dass der Schlaf die Sorgen ausgelöscht hat wie ein Löschblatt, das den Tintenfleck unsichtbar macht. Wer der heilenden Wirkung seines Schlafes vertraut, der wird seine Sorgen los. Im Schlaf besuchen ihn die Engel im Traum. Sie wischen die Sorgen weg. Er muss gar nichts selbst tun, sondern nur sich mit seinen Sorgen dem Schlaf anvertrauen. Im Schlaf lasse ich los, im Loslassen vertraue ich: Ich lasse mich in Gottes gute Arme fallen. Da bin ich getragen. Und dort werden die Sorgen ausgelöscht.

# Vom Segen des Schlafes

Zu den Tröstungen des Lebens gehört der Schlaf. Viele Menschen, fromme ebenso wie weniger fromme, haben diese Erfahrung gemacht. Der hl. Augustinus hat die wohltuende Wirkung des Schlafes am eigenen Leib erfahren: „Ich schlief ein und bin wieder aufgewacht, und ich fand meinen Schmerz gar sehr gemildert." Wenn wir uns im Schlaf selber loslassen, dann hat der Schlaf eine heilende Wirkung. Die Schmerzen über die Verletzungen des vergangenen Tages werden schwächer. Wir spüren sie noch, aber sie stechen nicht mehr. Auch Aldous Huxley hat diese Erfahrung gemacht, wenn er schreibt: „Von allen Gnaden und Segnungen der Natur ist der Schlaf das Beste." Doch Menschen, die an Schlaflosigkeit leiden, hilft dieser Satz nicht weiter. Es gibt keinen Trick, die Schlaflosigkeit möglichst schnell loszuwerden. Der einzige Weg, der langsam zur Wandlung führt, ist:

die Sorge um den eigenen Schlaf loszulassen.
Dann dürfen wir vertrauen, dass der Körper
sich die Ruhe nimmt, die er braucht.

# *Komm in Einklang*

# Sei selber Ton und Melodie

Einklang hat etwas mit „klingen" zu tun. Friedrich Nietzsche vergleicht unser Leben mit einer Symphonie. Jede Symphonie hat Pausen, sie hat Spannungsmomente, Kontrapunkte, und sie hat ihre Höhepunkte. So hat unser Leben auch nur wenige Augenblicke, in denen wir in der Tiefe berührt werden, in denen etwas in uns anklingt, das uns zutiefst erfüllt. Nietzsche schreibt: „Die Liebe, der Frühling, jede schöne Melodie, das Gebirge, der Mond, das Meer – alles das redet nur einmal ganz zum Herzen: wenn es überhaupt je ganz zu Worte kommt. Denn viele Menschen haben jene Momente gar nicht und sind selber Intervalle und Pausen in der Symphonie des wirklichen Lebens." Wer nur Intervall ist, wer nur im Raum zwischen den Tönen lebt, den kann kein Ton berühren, der wird nicht erklingen, wenn die Töne nach ihm greifen. Wir müssen Ton sein, damit das Leben uns in seine Symphonie aufnimmt.

# Zusammenklang

Die Frage ist, wie ich in den Einklang komme mit mir selbst. Die Musik kann uns lehren, dass der Einklang nicht ein einziger Ton ist. Das wäre langweilig. Die Kunst besteht vielmehr darin, alles in uns zum Klingen zu bringen, aber so, dass sich die Töne nicht bekämpfen, sondern in einer größeren Harmonie zusammenklingen. Schon Thomas von Aquin hat das erkannt, wenn er vom Schönen – nicht nur in der Musik – sagt: „Der Urgrund des Schönen besteht in einem gewissen Zusammenklang der Gegensätze." Schön wird die Musik nicht durch beständige Harmonie, sondern wenn aus allen Gegensätzen heraus immer wieder ein Einklang entsteht. Mozart hat das wie kein anderer Komponist verstanden. Seine Musik lässt alle Höhen und Tiefen des menschlichen Herzens erklingen: Trauer und Freude, Angst und Vertrauen, Liebe und Hass. Indem alle Gefühle erklingen, suchen sie immer wieder danach, zusammenzuklingen in einer höheren Harmonie.

# Seelenklang

Der gregorianische Choral kennt acht verschiedene Töne. Jeder Ton eröffnet einen Klangraum, in dem Gott auf je verschiedene Weise in meinem Herzen erklingt. Und jeder Ton öffnet einen Raum meiner Seele, damit Gottes heilende Botschaft durch das Singen in diesen Bereich meiner Seele eindringen und ihn mit Licht und Liebe erfüllen kann. Den Introitus von Ostern singt man z. B. im vierten Ton. In dieser Tonart standen früher die Beerdigungsgesänge. Es ist von einer tiefen Weisheit, wenn die Kirche die Botschaft von der Auferstehung Jesu gerade in diesen Bereich der Trauer und der Schwere hineinsingt. Denn die Auferstehung will all unsere Angst und Trauer verwandeln. Wir singen die heilenden Worte der Bibel in den acht Tönen in alle Bereiche unserer Seele hinein, damit überall Gottes Liebe in uns aufklingt und alles in uns mit Gott und mit uns selbst in Einklang kommt.

# Wohlklang und Harmonie

Die Griechen sprachen immer wieder von der Harmonie, vom Zusammenklang der Sphären. Der ganze Kosmos war für die Pythagoreer Gesang. Die verschiedenen Planeten erzeugten einen harmonischen Sphärengesang. Wer in der Musik diese Harmonie des Kosmos abbildet, der hat teil an seiner Ordnung. Heraklit spricht von der Harmonie als dem Zusammenklang entgegengesetzter Elemente. In der Harmonie wird das Widerstreitende zur Übereinstimmung gebracht. Von der Musik hat Platon dies auf die menschliche Seele übertragen. Auch die Seele muss die verschiedenen Kräfte in sich zum Einklang bringen. Die stoische Philosophie spricht von Gott als dem eigentlichen Musiker, der die gegensätzlichen Kräfte des Kosmos zusammenklingen lässt. Clemens von Alexandrien wendet dieses Bild auf Christus, den göttlichen Logos an: „Der Logos hat die Dissonanz der Elemente zum Wohlklang gebracht, damit der ganze Kosmos ihm zur Harmonie werde."

# Rein und lauter

Clemens von Alexandrien hat eine „musikalische Christologie" entwickelt. Christus ist der wahre Orpheus, der göttliche Sänger, der durch seinen Gesang die Herzen der Menschen berührt und für Gott öffnet. Die Worte, die er verkündet, lassen den Menschen in Einklang kommen mit sich selbst. Clemens bezieht sich dabei auf Johannes, der Jesus in seinem Evangelium sprechen lässt: „Ihr seid schon rein durch das Wort, das ich zu euch gesagt habe." (Joh 15,3) Jesus hat so von Gott gesprochen, dass die Menschen sich rein fühlten, sich im Einklang mit sich selbst wussten. Worte können also den Menschen zum Einklang mit sich selbst führen.

Wir sollten darauf achten, was unsere Worte bewirken, ob sie den Menschen spalten, ob sie ihn mit unseren negativen Emotionen beschmutzen, oder ob sie ihn dazu führen, sich rein und lauter zu fühlen.

# Geführt vom Klang

Ein Weg der Einkehr in das Innere ist für den hl. Augustinus das Singen. Er meint, das Singen führe uns in das innerste Gemach unserer Seele, in dem Gott in uns wohnt. Augustinus hat diese Theologie des Singens in der Auslegung von Psalm 42,5 entfaltet. Im Psalm heißt es: „Das Herz geht mir über, wenn ich daran denke: wie ich zum Haus Gottes zog in festlicher Schar, mit Jubel und Dank in feiernder Menge." Für Augustinus ist es das jubelnde Singen, durch das wir zum innersten Geheimnis Gottes gelangen, zur geheimen Wohnung Gottes in unserem Herzen (secretum domus Dei). Es ist nicht nur das eigene Singen, das uns in das Innerste der Seele führt, sondern auch das Hören von Gesang. Wenn wir Menschen hören, die mit ihrem ganzen Herzen singen und ganz dem Gesang hingegeben sind, dann geht es uns wie dem Hirsch, der von den Wasserquellen angezogen sich auf den Weg zu Gott macht. Geführt vom Klang der Freude vergessen wir alles Äußere und wenden uns nach innen. Ja, wir werden förmlich nach innen mitgerissen (in interiora raperetur). Dort innen sind wir im Einklang mit unserem wahren Wesen.

# Lass los, was du festhältst

Es war wohl nicht zufällig ein Musiker, nämlich der britische Sänger Paul Williams, der einen Weg aufgezeigt hat, wie wir mit uns und allem, was in uns ist, in Einklang kommen können: „Lass los, was du festhältst. Und alles wahrhaft dir Gehörende wird wie durch einen Zauber sofort in deinem Leben erscheinen." Wenn wir uns an irgendetwas oder an uns selbst festhalten, kann das, was in uns lebt, nicht aufblühen. Es kann dann keine Harmonie zwischen uns und unserer Umgebung sein. Das gilt für unsere Beziehung zu anderen, aber auch für die Beziehung mit uns selber. Sobald wir uns selbst loslassen, kommen wir in Berührung mit unserem wahren Bild. Auf einmal entdecken wir, wer wir wirklich sind. Wir spüren unser wahres Sein, unsere wirklichen Gefühle und den Reichtum unserer Seele. Festhalten heißt immer auch: an einem ganz bestimmten Bild von mir festhalten, das mein wahres Ich verstellt. Finde ich mich nur gut, wenn ich an diesem Bild festhalte, dann werde ich nie das entdecken, was wirklich zu mir gehört und was das Meine ist. Einklang, stimmige Resonanz, wird erst möglich, wenn ich loslasse und dem anderen erlaube, so zu sein, wie er ist.

# Wie im Himmel

Thich Nhat Hanh, der buddhistische Mönch aus Vietnam, empfiehlt die Achtsamkeit als Weg, im Einklang mit sich selbst zu leben. Wer achtsam ist und jeden Augenblick als neu wahrnehmen kann, wie den ersten Tag der Schöpfung, der erlebt sich selbst nicht als entfremdet, er sieht die Wirklichkeit nicht als banal oder langweilig. Er schwingt mit dem Leben um sich herum mit und erlebt die Welt sozusagen im Zauber des Anfangs. Für ihn ist sie erfüllt mit unzähligen Kostbarkeiten. Wer so im Einklang ist mit sich und dem Augenblick, den er gerade atmet, der ist, so sagt der vietnamesische Mönch, schon im Himmelreich: „Wir müssen nicht erst sterben, um ins Himmelreich zu kommen. Tatsächlich genügt es, vollkommen lebendig zu sein. Atmen wir aufmerksam ein und aus und umarmen wir einen schönen Baum, sind wir im Himmel. Wenn wir einen bewussten Atemzug machen und uns dabei unserer Augen, unseres Herzens, unserer Leber und unserer Nicht-Zahnschmerzen bewusst sind, werden wir unmittelbar ins Paradies getragen. Frieden ist vorhanden. Wir müssen ihn nur berühren."

# Freihändig

Der Taoismus ist neben dem Konfuzianismus und dem Buddhismus die dritte große religiöse Tradition Chinas. In der geistigen Tradition des Tao geht es vor allem um das Lassen. Ich soll die Dinge so lassen, wie sie sind, und nicht ständig störend eingreifen. Die Überzeugung der östlichen Weisen ist: In den Dingen selbst steckt eine innere Ordnung. Diese Ordnung verlangt vom Menschen ein ihr gemäßes Verhalten. Auf dem Hintergrund dieser Philosophie ist auch das chinesische Sprichwort zu verstehen: „Wenn du loslässt, hast du zwei Hände frei." Wenn ich krampfhaft etwas festhalte, bin ich handlungsunfähig. Ich habe keine Hände, die handeln können. Denn sie sind mit dem Festhalten beschäftigt. Manchmal halte ich mit einer Hand etwas fest, manchmal auch mit beiden. Das Loslassen schenkt mir zwei freie Hände, mit denen ich das anpacken kann, was wirklich wichtig ist.

Diese freien Hände ermöglichen es mir, etwas zu gestalten und zu formen, einem anderen die Hand zu geben, ihm meine Hände zu reichen, wenn er in Not ist, und ihn zärtlich zu berühren, wenn er der Liebe bedarf.

# Worauf Wunder beruhen

Viele Menschen hoffen auf ein Wunder: auf das Wunder der Heilung, auf das Wunder, dass sie die richtige Arbeitsstelle bekommen oder eine Prüfung mit Erfolg bestehen. Sie erwarten die Wunder von außen. Gott soll ein Wunder an ihnen wirken. Das tut Gott auch zuweilen. Aber wir sollten nicht auf das Außergewöhnliche starren und Sensationen suchen. Denn Gottes Wunder umgeben uns immer. Wir müssen nur unsere Augen öffnen. Dann auch werden wir die wunderbare Schönheit der Natur wahrnehmen. Wir werden das Wunder der Begegnung mit einem anderen Menschen erleben. Und wir werden das Wunder spüren, dass wir überhaupt da sind, dass wir atmen, fühlen, dass wir leben. Die amerikanische Autorin Willa Cather schreibt über diese Erfahrung: „Wunder beruhen einfach darauf, dass unsere Wahrnehmungen feiner gemacht werden, so dass unsere Augen für einen Augenblick das sehen und unsere Ohren das hören können, was uns immer umgibt." Jeden Tag achtsam sein auf das Wunder, Augen und Ohren dafür öffnen, dem Wunder „wie einem Vogel die Hand hinhalten" (Hilde Domin) – das ist wirkliche Lebenskunst.

# Nie zu spät

In Gesprächen erfahre ich immer wieder, wie viele Menschen daran leiden, nicht wirklich gelebt zu haben. Sie haben den Eindruck, dass sie bisher immer nur Erwartungen anderer erfüllt, aber nie wirklich das gelebt haben, was in ihnen ist. Sie sind am Leben vorbeigegangen. Und jetzt haben sie den Eindruck, dass es zu spät ist, den Weg zurück in ihr Leben zu finden. Doch es ist nie zu spät. Es geht nicht darum, der Vergangenheit nachzutrauern. Jetzt, in diesem Augenblick, bin ich fähig, ganz zu leben. Ich muss dabei nicht alles anders machen. Es genügt, einfach da zu kommen, mit mir selbst in Berührung zu sein und zu leben. Wenn ich diesen Tag bewusst lebe, dann kann ich am Abend mit dem römischen Philosophen Seneca sagen: „Wer jeden Abend sagen kann ‚Ich habe gelebt', dem bringt jeder Morgen einen neuen Gewinn." Wenn ich heute wirklich lebe, wird auch der morgige Tag gelingen.

# In Balance bleiben

Wir kommen nicht von allein in Einklang mit uns selbst. Es ist eine Kunst, das Leben so zu leben, dass es für uns stimmig ist. Theodor Fontane beschreibt diese Kunst als eine Fähigkeit, das innere Gleichgewicht in sich herzustellen: „Leicht zu leben ohne Leichtsinn, heiter zu sein ohne Ausgelassenheit, Mut zu haben ohne Übermut, das ist die Kunst des Lebens." Immer wenn wir eine Haltung absolut setzen, wird uns diese Haltung, auch wenn sie in sich noch so gut ist, keinen Halt mehr geben, sondern uns aus der Balance bringen. Es hat etwas Schwebendes an sich, die Leichtigkeit des Seins zu leben, ohne leichtsinnig zu werden. Und es ist eine Kunst, heiter zu sein, ohne dabei ausgelassen zu werden, Mut zu beweisen, ohne übermütig zu werden. Diese schwebende Balance können wir nie als festen Besitz verbuchen. Es braucht vielmehr ein feines Gespür, das jeweils für uns passende Gleichgewicht zu finden. Und es braucht Aufmerksamkeit, um darin zu bleiben.

# Die Frage selber lieben

In einem wunderbaren Gedicht beschreibt
Rainer M. Rilke das Wesen unserer Geduld:

„Man muss Geduld haben
Gegen das Ungelöste im Herzen
Und versuchen, die Fragen selber lieb zu haben,
wie verschlossene Stuben
und wie Bücher, die in einer sehr fremden Sprache
geschrieben sind."

Der Mensch ist sich oft ein Rätsel. Ich kann ungeduldig gegen mich selber wüten, weil ich mich nicht verstehe. Oder aber ich kann das Ungelöste und Unverständliche geduldig annehmen und die ungelösten Fragen in mir selber lieben. Bücher, die in einer fremden Sprache geschrieben sind, die ich nicht verstehe, behandle ich mit besonderer Sorgfalt. Das Fremde hat eine eigene Anziehungskraft. Wenn ich das Fremde in mir behutsam behandle, dann bin ich einverstanden mit dem Rätselhaften meines Lebens und meiner Existenz.

# So wird Frieden möglich

Thomas von Kempen, der Autor der „Nachfolge Christi", die neben der Bibel seit dem 15. Jahrhundert über lange Zeit das meistgelesene Buch war, gibt den Grund für den Unfrieden an, in dem viele Menschen leben: „Wir könnten in Frieden leben, wenn wir uns nicht pausenlos mit dem beschäftigen würden, was andere Leute sagen und tun." Dieses Wort ist heute genauso aktuell wie damals. Viele Menschen kreisen ständig darum, was andere von ihnen denken oder was sie über sie sagen. Sie haben Angst, die anderen könnten schlecht von ihnen reden. Eine andere Gruppe von Menschen beschäftigt sich mit den Worten und Taten anderer. Sie regen sich ständig darüber auf, was der oder jene gesagt oder getan hat. Sie lesen in der Zeitung oder in der Illustrierten die Skandalgeschichten irgendwelcher Schauspieler oder Adliger, um sich darüber zu entsetzen. Statt mit sich in Frieden zu leben, brauchen sie andere, um ihren inneren Unfrieden auf sie zu projizieren. Doch das geben sie nicht zu. So sind sie immer unzufrieden mit der Welt und letztlich mit sich selbst. Herzensruhe stellt sich ein, wenn wir mit den anderen versöhnt sind und sie so sein lassen können wie sie sind. Und wirklicher innerer Friede ist ein Raum, in dem wir mit uns selbst und mit unserer Umgebung, ja mit der ganzen Schöpfung in Einklang leben.

# Eins mit uns selbst

Mit sich selbst eins sein, das möchten wir im Grunde alle. Die Frage ist, wie das geht. Jesus zeigt uns im Johannesevangelium einen Weg. Da bittet er seinen Vater für seine Jünger, dass „sie eins sind wie wir" (Joh 17,11). Diese Bitte bezieht sich nicht nur auf die Einheit der Christen untereinander, sondern auf die Einheit mit uns selbst. Wir werden nur eins mit uns selbst, wenn wir es machen wie Jesus, der vom Himmel herabgestiegen ist, um alles Menschliche in die Einheit mit Gott hineinzunehmen. So werden auch wir nur eins, wenn wir den Mut haben, in die Tiefen unseres Menschseins, in die Abgründe unserer Seele, in die Tiefen unseres Unbewussten hinabzusteigen. Nur das, was wir selbst berühren, kann in die Einheit mit Gott kommen. Und nur dann werden wir einverstanden sein mit uns selbst. Denn alles in uns ist dann von Gottes Liebe erfüllt. Mit uns eins sein vermögen wir nur, wenn wir uns zugleich in Gott wissen. So betet Jesus: „Alle sollen eins sein: Wie du, Vater, in mir bist und ich in dir bin, sollen auch sie in uns sein." (Joh 17,21)

# Schwäche wird Stärke

Was uns am meisten hindert, mit uns in Einklang zu kommen, ist die Ablehnung gegenüber so vielem, was wir in uns wahrnehmen. Wir haben ein so hohes Idealbild von uns, dass wir uns schwer tun, uns mit unserer Realität auszusöhnen. Friedrich Nietzsche sagt zu solchen Menschen, die sich nicht verzeihen können, dass sie so sind, wie sie sind – und vermutlich auch zu sich selbst: „Wirf das Missvergnügen über dein Wesen ab! Verzeihe dir dein eigenes Ich!" Wie soll das geschehen, mir mein eigenes Ich verzeihen? Ich kann doch nichts dafür, dass ich so bin, wie ich bin. Doch in meiner Seele entdecke ich Vorwürfe gegen mein Ich. Ich kann mir nicht vergeben, dass ich diese Schwächen habe, diese Eigenschaften, die ich gar nicht an mir mag. Doch erst wenn ich mir selbst vergeben kann, verlieren diese vermeintlichen Schwächen ihre destruktive Kraft. Wenn ich mir vergebe, wandeln sich meine Schwächen auf einmal in Stärken um. Dann wird mein mangelndes Selbstvertrauen zur Fähigkeit, andere zu verstehen und sie aufzurichten.

# Das einzige Gebet

Ein wichtiger Weg, in Einklang mit sich selbst zu kommen, ist die Dankbarkeit. Meister Eckhart schreibt: „Wenn das einzige Gebet, was du in deinem ganzen Leben sagst, ist: ‚Ich danke dir', das würde genügen." Viele Menschen bitten Gott, er möge sie doch stärker und gesünder und erfolgreicher machen. Sie können sich nur annehmen, wenn sie so werden, wie sie es sich selbst vorstellen. Dafür möchten sie Gott einspannen. Meister Eckhart meint, das tiefste Gebet sei das Danken. Meister Eckhart sagt gar nicht, wofür wir danken sollen. Das einfache „Ich danke dir" genügt. Das kann ich immer und überall sagen. Wenn mir etwas gelungen ist, bete ich: „Ich danke dir." Wenn mir etwas misslungen ist, fällt es schon schwerer, dieses Gebet zu sprechen. Doch wenn ich es trotzdem über die Lippen bringe, werde ich das Geschehen anders erleben. Mitten im Misslingen bin ich doch im

Frieden mit mir selbst. Ich danke dir, dass ich frei geworden bin von meinen Illusionen. Ich danke, dass ich bei allem, was ist, in Gottes guter Hand bin.

# Ein neuer Geschmack

Die Haltung der Dankbarkeit hat in unseren Tagen David Steindl-Rast neu als die eigentliche Grundhaltung des Menschen, ja als wesentlich für einen spirituellen Menschen beschrieben. Er sagt: „Jede Dankbarkeit ist ein Ausdruck von Vertrauen. Jedes Misstrauen führt dazu, noch nicht einmal ein Geschenk als solches zu erkennen – wer könnte denn sicherstellen, dass es nicht ein Köder, ein Bestechungsversuch, eine Falle ist? Dankbarkeit hat den Mut zu vertrauen und überwindet so die Angst." Undankbare Menschen sind für andere unangenehm. Sie haben ein Grundmisstrauen gegen alles. Wenn man ihnen etwas schenkt, meinen sie, wir hätten damit eine bestimmte Absicht. Sie können nicht dankbar annehmen, was ist. Alles deuten sie durch ihr Misstrauen in einer negativen Weise. Ein dankbarer Mensch, sagt Steindl-Rast, hat einen guten Blick für das Geschenk in jeder *gegebenen* Lage. Er erkennt die Gelegenheit, die selbst in der schlimmsten Situation immer mitgegeben ist. Und er ergreift diese Gelegenheit. Alles, wofür wir dankbar sind – und nichts sonst im Leben – gibt uns Freude. Steindl-Rast hat Recht: Wenn ich einfach dankbar annehme, was mir ein Mensch und was mir Gott täglich schenkt, dann bin ich im Einklang mit mir und der Welt. Dann bekommt mein Leben einen neuen und angenehmen Geschmack.

# Mach dich nicht klein

Ich habe Menschen erlebt, die nie zufrieden waren mit dem Lob, das sie erhalten haben. Wenn ich ihnen für etwas gedankt habe, das mir gut gefallen hat oder das für mich und meinen Weg wichtig war, dann haben sie oft so reagiert, dass sie sich klein gemacht haben. Es sei doch nicht der Rede wert. Das sei doch nichts Großes gewesen. Da ist das Sich-Kleinmachen oft nur der Versuch, noch mehr Lob zu bekommen. Da steckt also möglicherweise Unersättlichkeit dahinter. Oder aber die Unfähigkeit, ein Lob dankbar anzunehmen und die Sorge, man könne doch nie genügen. Nicht nur, wenn jemand mich lobt, sondern auch, wenn ein anderer sich für mein Lob bedankt, dann fühle ich mich im Einklang mit mir und mit ihm. Wir haben beide gedankt und im Danken Gemeinschaft erfahren. Wir haben beide gespürt, dass letztlich alles Gute von Gott

kommt. Aber es ist gut, es dem Empfänger
von Gottes Gaben auch zu sagen, dass ich
dafür dankbar bin.

# Resonanz

Dankbarkeit macht Menschen angenehm. Mit dankbaren Menschen ist man gerne zusammen. Dankbarkeit ist eine Bedingung dafür, dass ich dem anderen wirklich begegnen kann und das auch möchte. Einem undankbaren Menschen gegenüber mag ich mich gar nicht öffnen. Ich habe den Eindruck, meine Offenheit erzeuge gar keine Resonanz. Dankbarkeit ist der Resonanzboden, auf dem Gespräche und Begegnungen gelingen. Das Gefühl der Dankbarkeit ist daher für eine gute Gemeinschaft lebensnotwendig. Dankbarkeit ist der konkrete Ausdruck, dass ich den anderen annehme, dass ich froh bin, dass er in meiner Gemeinschaft ist. Solche Gefühle müssen ausgedrückt werden, damit der emotionale Pegel in einer Gemeinschaft nicht sinkt.

# Mit allem eins

Menschen, die nicht im Einklang mit sich selbst sind, haben Angst vor der Einsamkeit. Wenn sie allein mit sich sind, dann taucht die innere Zerrissenheit in ihnen auf. Davor möchten sie am liebsten davonlaufen. So beschäftigen sie sich ständig mit irgendetwas, um ihrer Einsamkeit auszuweichen. Das deutsche Wort „Einsamkeit" hat jedoch in sich einen positiven Klang. Es ist zusammengesetzt aus „ein", das nicht nur die Zahl eins meint, sondern ein Einssein. Das Verschiedene ist miteinander eins. Das Suffix „sam" bedeutet „mit etwas übereinstimmend". Der Einsame stimmt mit seinem Einssein überein. Er sagt innerlich Ja dazu, dass er eins ist, einzig auf dieser Welt und zugleich im tiefsten Grund allein. Doch dieses Alleinsein stört ihn nicht. Er stimmt damit überein. Denn er weiß, dass er in seiner Einsamkeit mit allem eins ist, mit sich selbst, mit den Menschen und mit Gott.

# Die Einsamkeit umarmen

Alle Religionen haben die Einsamkeit als wichtigen Weg zu Gott gepriesen. Paul Tillich meinte einmal, Religion sei das, was jeder mit seiner Einsamkeit anfange. Und lange vor ihm hat Lao-Tse über die Einsamkeit geschrieben: „Gewöhnliche Menschen hassen die Einsamkeit, doch der Meister nutzt sie, umarmt sein Alleinsein und erkennt, dass er eins ist mit dem gesamten Universum." Wer sein Alleinsein bewusst annimmt, der kann die Erfahrung machen, dass er mit allem eins ist. Das ist ja auch der Sinn des deutschen Wortes „allein". Es bedeutet: „all-eins", mit allem eins zu sein. Wer sich auf den Grund seiner Einsamkeit wagt und nicht vor ihr davonläuft, der darf spüren, dass er auf dem Grund seiner Seele mit allem eins ist, was in dieser Welt existiert. Alles hängt miteinander zusammen. In der Tiefe ist alles eins. So zeigt uns die Einsamkeit den Weg in den Grund der Welt, auf dem unser Dasein gründet.

# Einzigartig

Von Hermann Hesse stammt das bekannte Wort: „Leben ist Einsamsein. Kein Mensch kennt den andern, jeder ist allein." Das Wort kann als Klage über die menschliche Einsamkeit verstanden werden. Es kann aber auch eine positive Aussage über unser Wesen sein. In der Tiefe jedes Menschen erfährt er sich allein. Es gibt einen Grund in mir, in den die anderen nicht schauen und den sie nicht verstehen können. Aber diese Erfahrung der Einsamkeit isoliert mich nicht. Vielmehr gibt sie mir meine wahre Würde. Ich bin als einsamer auch einzigartig. So wie ich fühle, fühle nur ich. So wie ich sehe, sehe nur ich. Wenn ich das bewusst erlebe, dann bin ich dankbar für mein Einsamsein. Denn ich spüre, dass ich gerade in meiner Einsamkeit und Einzigartigkeit etwas vom Wesen Gottes verstehe, der von sich sagt: „Ich bin der ich bin." In meinem Einsamsein spüre ich, was es heißt: „Ich bin. Ich bin einfach da. Ich lebe."

# Schau auf den Grund

Friedrich Nietzsche hat den Sinn der Einsamkeit verstanden, wenn er schreibt: „Wer die letzte Einsamkeit kennt, kennt die letzten Dinge." Wer seine Einsamkeit in der letzten Tiefe annimmt, der kommt in Berührung mit den letzten Dingen, mit dem Wesen aller Dinge, letztlich mit Gott, dem Urgrund allen Seins. Er schaut in den Abgrund des Geheimnisses unseres Lebens. Und auf dem Grund allen Seins wird ihm alles klar. Das ist der Sinn der Kontemplation, wie ihn die frühen Kirchenväter verstanden haben: Ich schaue auf den Grund. Dort ist mir alles klar. Ich sehe nicht etwas Bestimmtes. Ich kann nicht erklären, was ich sehe. Es ist vielmehr ein reines Schauen, für das alles klar wird. Alles klärt sich auf, auch wenn es unerklärlich bleibt.

# Wahre Einkehr

Ein Weg, um mit sich in Einklang zu kommen, ist die Einkehr. Wer bei sich selbst einkehrt, der entdeckt den inneren Reichtum seiner Seele. Im Innern – so hat es Augustinus erfahren – begegnen wir Gott. Denn Gott ist uns innerlicher als wir es uns selbst sind. Viele Menschen kehren lieber in eine Wirtschaft ein. Das kann auch schön sein, wenn man nach langer Wanderung einkehrt und Erquickung erfährt. Doch die wahre Einkehr geschieht in uns selbst. Manche meinen, diese Einkehr sei entweder langweilig oder aber gefährlich, weil man ja das innere Chaos entdecken könnte. Doch nur wer es wagt, bei sich einzukehren, kann zur Einheit mit sich gelangen und zum Einklang mit sich kommen.

# Innerlich heiter

Menschen, die zu viel vom Leben erwarten, tun sich schwer damit, einverstanden zu sein mit ihrem Leben. George Bernard Shaw hat für sich einen Weg gefunden, in Einklang zu kommen mit seinem Leben: „Ich habe gelernt, vom Leben nicht viel zu erwarten. Das ist das Geheimnis echter Heiterkeit und der Grund, warum ich angenehme Überraschungen statt trostloser Enttäuschungen erlebe." Weil er sich keine Illusionen über sein Leben macht und das Gelingen seines Lebens nicht von bestimmten Erwartungen abhängig sein lässt, darum ist er im Einklang mit sich selbst. Und er kann innerlich heiter und gelassen sein und dankbar für die angenehmen Überraschungen, die ihm das Leben doch immer wieder bereitet.

# Was das Herz mir sagt

Im Franziskanerkloster von Lyon steht eine Inschrift, die uns einen Weg weist, wie wir mit unserem Leben zufrieden sein können: „Hüte dich, alles zu begehren, was du siehst, alles zu glauben, was du hörst, alles zu sagen, was du weißt, und alles zu tun, was du kannst!" Wer alles möchte, was er sieht, der kommt nie zu sich selbst. Er macht das Glück von dem abhängig, was er hat. Und er sieht immer neue Dinge, die er nicht hat. Also wird er nie im Einklang sein mit sich selbst. Wer alles sagen muss, was er weiß, der setzt sich ständig unter Druck, noch dies oder jenes beizusteuern zum Gespräch. Er muss sein ganzes Wissen vor den Menschen ausbreiten. Und er wird nie das Echo erleben, das er ersehnt. Es braucht die Haltung, sich mit dem zu bescheiden, was das Herz mir sagt. Dann bin ich frei von dem Druck, alles sagen, alles tun, alles glauben zu müssen.

# Auf dem Grund der Seele

Viele bemühen sich, das zu tun, was von ihnen erwartet wird. Sie meinen, sie würden dann in Einklang kommen, wenn sie alle Erwartungen ihrer Umgebung erfüllen. Doch sie machen sich von den Menschen und ihren Erwartungen abhängig. Sie spüren sich selbst nicht. Und so sind sie immer darauf angewiesen, dass sie ein gutes Echo bekommen. Thomas von Aquin zeigt einen anderen Weg zur inneren Zufriedenheit auf: „Nichts gelingt gut, außer man vollbringt es mit Freude." Wenn ich das, was ich tue, aus einer inneren Freude heraus tue, dann wird es auch gelingen. Die Frage ist, wie ich zu dieser Freude gelange. In jedem von uns ist auf dem Grund seiner Seele Freude verborgen. Aber oft sind wir von dieser Freude abgeschnitten. Es ist wichtig, dass wir mit der inneren Freude in Berührung kommen. Sie weitet das Herz und ermöglicht uns, dass alles, was wir tun, zum Ausdruck der Freude und der Dankbarkeit wird.

# Felder, Wiesen, Blumen

In Einklang mit uns selbst kommen wir nicht nur, indem wir nach innen gehen. Auch das Wahrnehmen der äußeren Welt kann uns zu innerem Frieden führen. So hat es Teresa von Avila erfahren, wenn sie von sich sagt: „Ich betrachte gerne Felder, Wiesen, Blumen. Diese Dinge helfen mir zur Sammlung." Wenn ich ganz im Schauen der Wiesen und Felder um mich herum aufgehe, dann bin ich bei mir, dann bin ich gesammelt, dann bin ich eins mit mir selbst. Das Schauen der Schönheit bringt mich mit der Quelle der Schönheit in Berührung, die in meiner Seele bereit liegt. Ich schaue in der Schönheit der Natur mein eigenes Wesen. So sammle ich im Schauen äußerer Schönheit die schönen Seiten meiner eigenen Seele und komme in Einklang mit mir selbst.

# Glück im Winkel

Jeder kennt andere Wege, mit sich in Frieden zu kommen. Der eine erfährt es in der Natur. Er spürt, dass die Natur nicht bewertet, dass er dort sein darf, wie er ist. Das befreit ihn davon, sich selbst zu bewerten. Franz von Sales hat einen anderen Ort gefunden, an dem er zur Ruhe kommt: „Ich habe Ruhe gesucht überall und habe sie am Ende gefunden in einem Winkel, bei einem kleinen Buch." Im Lesen eines Buches taucht er ein in eine andere Welt. Es ist eine Welt, die den Turbulenzen seines Alltags enthoben ist, eine Welt, in der die Seele angesprochen wird, in der er mit sich und seinem wahren Wesen in Berührung kommt. Indem er liest, wird seine eigene Seele angesprochen. Die Worte klingen in seiner Seele nach und führen ihn zum Einklang mit sich und seinem wahren Wesen.

# Sei, der du bist

Henri Frederic Amiel hat in einfachen Worten gezeigt, wie wir eins werden können mit uns selbst:

> „Lerne zu sein, der du bist.
> Und lerne gelassen
> Auf all das zu verzichten,
> Was du nicht bist."

Es ist nicht einfach, sich mit dem zu begnügen, wer ich bin. Ich möchte gerne noch so sein wie der oder jene. Ich möchte ihre Intelligenz und seinen Erfolg haben. Doch dann jage ich dem Glück immer nach, ohne es je zu erreichen. Der einzige Weg zum Einklang mit mir selbst ist der Verzicht auf all das, was nicht meinem wahren Wesen entspricht. Ich soll mir keine Sorgen machen um das, was mir nicht entspricht. Es genügt, ganz der zu sein, der ich bin.

# Versöhn dich mit dir

Der alltägliche Weg, um mit sich in Einklang zu kommen, ist: sich auszusöhnen mit sich selbst. Dieser Weg scheint nicht einfach zu sein. Aber wir müssen ihn immer wieder von Neuem gehen. Wir sind nie für immer mit uns versöhnt. Friedrich Nietzsche weiß um die Herausforderung, sich immer wieder neu mit sich zu versöhnen: „Zehn Mal musst du dich wieder mit dir selber versöhnen; denn Überwindung ist Bitternis, und schlecht schläft der Unversöhnte." Ich muss mich immer wieder überwinden, mich mit mir zu versöhnen. Diese Überwindung stößt mir oft bitter auf. Aber es gibt keinen Weg, der daran vorbeiführt. Denn – so meint Nietzsche – wenn ich mich nicht versöhne, werde ich auch schlecht schlafen. All das Unversöhnte wird in der Nacht im Traum in mir hochkommen und mir eine unruhige Nacht bescheren.

# Eines Tages

Wir alle sehnen uns danach, mit uns in Einklang zu kommen. Doch wir haben so viele Zweifel und Fragen. Was stimmt für mich? Wann bin ich im Einklang? Was muss ich annehmen und was bekämpfen? Rainer M. Rilke hat in diese innere Spannung zwischen Sehnsucht und Zweifel sein Gedicht geschrieben:

> „Wenn man die Fragen lebt,
> lebt man vielleicht allmählich,
> ohne es zu merken,
> eines fremden Tages
> in die Antwort hinein."

Es geht nicht darum, die Fragen zu beantworten. Oft finden wir keine Antwort. Aber wenn wir die Frage leben, dann finden wir durch das Leben oft die Antwort. Auf einmal hat das Leben selbst die Antwort gegeben. Im Leben der Fragen formt sich die Antwort.

*Einfach leben*

# Klar und echt

Wir sagen es einem anderen so leicht: "Lebe einfach!" Schon das Wort "einfach" hat eine vielfache Bedeutung. Es kann meinen, einfach so dahinzuleben, ohne etwas Besonderes aus dem Leben zu machen oder ohne sich etwas darauf einzubilden. Es ist das reine Dasein. Ich lebe einfach, ohne mir große Gedanken darüber zu machen, wie ich es verstehen soll. Einfachheit bedeutet in der Tradition auch Anspruchslosigkeit. Sie geht zusammen mit der zeichenhaften Solidarität mit den Armen. Und Einfachheit kann Echtheit und Authentizität bedeuten. Wenn wir von einem sagen, dass er einfach lebe, so meinen wir seine Klarheit, seine Eindeutigkeit. Er muss nichts aus sich machen. Er muss sich nicht besonders darstellen. Er ist einfach da. Er ist einfach. Er ist, wer er ist. Und so lebt er auch.

# Innere Freiheit

Die Sehnsucht nach dem einfachen Leben ist alt. Der stoische Philosoph Poseidonios rühmt die Römer, dass diese wegen „der Einfachheit ihrer Lebensweise, ihrer Gerechtigkeit und Gottesfürchtigkeit" zur Weltherrschaft berufen seien. Die Einfachheit ihrer Lebensweise gab ihnen offensichtlich die Kraft, die damalige Welt zu beherrschen und sie zu befrieden. Als die Römer dann wegen ihres zu großen Reichtums dekadent geworden waren, zerfiel das Reich. Was der stoische Philosoph Poseidonios vor zweitausend Jahren sagte, das betonen heute Soziologen. Sie meinen, die Eliten seien immer asketische Eliten gewesen. Ein Zeichen der Elite ist, dass sie ein einfaches Leben führt. Sie haben Ziele, die über sie hinausgehen. Daher brauchen sie die innere Freiheit, die ihnen das einfache Leben schenkt, um sich für ihre Ziele einzusetzen.

# In Übereinstimmung

In der stoischen Philosophie war die Einfachheit ein zentraler Begriff. Vor allem Kaiser Mark Aurel, der Philosoph auf dem Kaiserthron, liebt diesen Begriff. Er gebraucht das griechische Wort „haplotes", das auch die Bibel häufig verwendet. Er meint, im wahrhaft guten Menschen müsse „alles schlicht und voll Wohlwollen" sein. Einmal ruft er sich selbst zu: „Lass keine Unruhe in dir aufkommen, werde einfach!" Einfach sein heißt für Mark Aurel, ohne Nebenabsichten seine Aufgabe zu erfüllen, sich von den Leidenschaften nicht bestimmen zu lassen und frei von Illusionen zu sein, die man sich häufig über das Leben macht. Der einfache Mann ist arglos. Er ist frei von Misstrauen gegenüber anderen. Auch der Philosoph soll keine komplizierten Sätze formulieren. Zeichen eines echten Philosophen ist vielmehr die Einfachheit: „Einfachheit und Bescheidenheit ist die Aufgabe der

Philosophie." Einfachheit ist aber vor allem das Ziel der Menschwerdung. Der wahre Mensch ist einfach und lauter, ohne Arglist und ohne Nebenabsichten. So ruft Mark Aurel aus: „Wann endlich, liebe Seele, willst du gut, einfältig (haplous), einig mit dir selbst und ohne Hülle durchsichtiger erscheinen als der dich umgebende Leib?" Für Mark Aurel ist die Einfachheit eines der höchsten Güter, nach denen er in seinem Leben ringt. Einfach ist der Mensch, der ganz und gar mit der Natur übereinstimmt und der frei ist von Leidenschaften. Der einfache Mensch ist einfach da. Er lebt in Übereinstimmung mit seinem innersten Wesen und mit Gott. Er ist aufrichtig und arglos, lauter und klar.

# Gottesgabe

Für Mark Aurel ist Einfachheit ein Kennzeichen eines guten Philosophen und eines guten Herrschers. Beides täte uns heute gut. Wer Wesentliches zu sagen hat, kann es auch einfach sagen. Der deutsche Bundeskanzler Konrad Adenauer hat offensichtlich etwas von der Einfachheit des Kaisers Mark Aurel an sich gehabt. Von ihm stammt das Wort: „Man muss die Dinge so tief sehen, dass sie einfach werden." Über die Dinge einfach zu sprechen, ist nicht Zeichen von Oberflächlichkeit, sondern von Tiefe. In der Tiefe sind alle Dinge eins und hängen miteinander zusammen. Wenn ich genügend reflektiert habe, wenn ich den Dingen auf den Grund gehe, dann werden sie einfach. Und dann kann ich in einfacher Weise über sie reden. Adenauer sieht das einfache Denken und Reden zusammen: „Einfach denken ist eine Gabe Gottes. Einfach denken und einfach reden ist eine doppelte Gabe Gottes."

Adenauer hat offensichtlich diese Gabe von Gott empfangen. Daher hat er die Menschen mit seinen einfachen und klaren Worten erreicht. Heute spricht man in der Politik oft von den unheilvollen Vereinfachern. Es ist eine Gratwanderung zwischen dem einfachen Denken und Reden und einem zu leichtfertigen Vereinfachen. Das deutsche Wort „vereinfachen" hat in sich diese Doppelbedeutung. Das Leben vereinfachen ist eine Tugend. Das Denken vereinfachen ist für Adenauer eine Gabe Gottes. Doch wenn ich die Dinge vereinfache und sie zu sehr für meine Sicht vereinnahme, dann wird es gefährlich. Dann wird meine vereinfachende Sprache die Menschen manipulieren oder gar verdummen.

# Auf das Eine gerichtet

Im Alten Testament entspricht das Wort „tham" unserer Einfachheit. Allerdings hat es noch viele andere Bedeutungen. Und auch die Septuaginta übersetzt es verschieden, einmal mit „einfach", dann mit „vollkommen, lauter, wahrhaftig, heilig, untadelig". Gott selbst spricht zu Salomon: „Wenn du mit ungeteiltem und aufrichtigem Herzen vor mir den Weg gehst, den dein Vater David gegangen ist, und wenn du alles tust, was ich dir befohlen habe, wenn du auf meine Gebote und Rechtsvorschriften achtest, dann werde ich deinen Königsthron auf ewig in Israel bestehen lassen." (1 Kön 9,5) Einfachheit meint hier die völlige Hingabe des Menschen an Gott. Ich bin König in seinem Dienst. Es geht mir nicht um meinen Ruhm und meine Macht, sondern einfach darum, für die Menschen da zu sein und das Beste für sie zu wollen. Wer mit einfachem Herzen für die Menschen da ist, der ist ein

Segen für sie. Auf ihn kann man sich verlassen. Man spürt, dass er es gut mit einem meint. Er ist frei von allem egoistischen Kreisen um sich selbst. Er ist ganz und gar von Gottes Geist durchdrungen. Er ist allein auf das Eine gerichtet: gut zu sein und Gutes zu tun und für die Menschen das Beste zu wollen.

# Wenn dein Auge einfach ist

In der Bergpredigt spricht Jesus vom einfachen und klaren Auge: „Wenn dein Auge einfach (haplous) ist, dann wird dein ganzer Körper hell sein. Wenn aber dein Auge böse (poneros) ist, dann wird dein ganzer Körper finster sein." (Mt 6,22 und Lk 11,34) Manche Exegeten übersetzen das „haplous" oft mit „gesund" und das „poneros" mit „krank". Daran ist sicher etwas Richtiges. Das einfache Auge ist gesund. Es sieht die Dinge so, wie sie sind. Es projiziert nicht die eigenen Bedürfnisse oder Emotionen in die Dinge und in die Menschen hinein. Wir sehen es einem Menschen an, ob er klar und aufrichtig ist. Wir brauchen ihm nur in die Augen zu sehen. Dann spüren wir, was von ihm ausgeht: Klarheit oder Unklarheit, Liebe oder Härte, Verurteilen oder Annehmen, Güte oder Verachtung. Es gibt Menschen, die einen freundlich begrüßen. Aber das Auge bleibt unfreundlich und abweisend. Bei solchen Menschen fühlt man sich nicht wohl. Da sehnen wir uns nach Menschen mit einem einfachen Auge. Bei ihnen wissen wir, wo wir dran sind. Und von solchen Menschen geht eine gute Ausstrahlung aus. Im Lukasevangelium verweist Jesus auf diese positive Ausstrahlung, wenn er das Wort vom Auge noch weiter ausführt: „Achte also darauf, dass in dir statt Licht nicht Finsternis ist. Wenn dein ganzer Körper von Licht erfüllt und nichts Finsteres in ihm ist, dann wird er so hell sein, wie wenn die Lampe dich mit ihrem Schein beleuchtet." (Lk 11,35 f) Von so einem Menschen mit einem einfachen und gütigen Auge wird Licht ausgehen. Die Menschen werden seine Wärme spüren. Sie werden das Klare und Einfache in ihm wahrnehmen. So können sie ihm vertrauen. Und sie fühlen sich in seiner Nähe wohl.

# Wie die Kinder

Wenn Jesus uns auffordert, wie die Kinder zu werden, dann meint er vor allem ihre Einfachheit und Klarheit. Sie haben keine Nebenabsichten. Sie haben noch klare und unverdorbene Augen. Man sieht ihnen ihre kindliche Unschuld an. Die frühe Kirche hat die Einfachheit immer auch mit Unschuld und Lauterkeit verbunden. Clemens von Alexandrien meint, Jesus gehe es in seinem Aufruf, dass wir werden sollen wie die Kinder, vor allem um die Einfachheit (haplotes) der Kinder. Die Kinder sind fähig, das Reich Gottes anzunehmen, weil sie einfach sind. Sie sind offen, Gott in ihr Herz einzulassen und sich von Gott bestimmen zu lassen. Lukas schildert die ersten Christen in der Gemeinde von Jerusalem als Menschen mit einem einfachen und klaren Herzen. „Tag für Tag verharrten sie einmütig im Tempel, brachen in ihren Häusern das Brot und hielten miteinander Mahl in Freude und

Einfalt des Herzens." (Apg 2,46) Die Christen verwirklichen das, was die stoischen Philosophen vom wahrhaft aufrichtigen und einfachen Menschen geschrieben haben. Sie können miteinander eins werden, weil sie in sich klar und einfach sind, ohne Nebenabsichten und ohne Intrigen. Wer so einfach und klar lebt, der wird von Freude erfüllt. Er ist fähig zur Gemeinschaft und kann sich an diesem ehrlichen und offenen Miteinander freuen.

# Sanft wie die Tauben

In der frühen Kirche war das Symbol der Einfachheit die Taube. Die Kirchenväter bezogen sich dabei auf das Wort Jesu „Seid arglos (einfach) wie die Tauben." (Mt 10,16) Bei den Griechen war die Taube der Aphrodite geweiht. Sie war also ein Symbol der Liebe. Im Hohenlied klingt das noch an, wenn der Bräutigam seine Braut mit „meine Taube, meine Reine" anspricht (Hld 5,2). Die Taube symbolisiert die reine und klare Liebe, die ohne Nebenabsichten ist. Die Kirchenväter verbinden das Symbol der Taube aber vor allem auch mit der Sanftmut. Die Alten glaubten, die Taube habe keine Galle. Daher kenne sie keine Aggression. Und sie sehen in der Taube ein Bild der Arglosigkeit und Unschuld. Daher sprechen sie von den Christen als „christusgefälligen Tauben". Die Christen sollen Menschen sein, die ganz und gar von Christi Geist, von seiner Sanftmut und Liebe, von seiner Klarheit und Lauterkeit durchdrungen sind.

# Nicht ganz einfach

Die deutsche Sprache hat ihre eigene Erfahrung mit dem Wort „einfach". Es meint ursprünglich: nicht doppelt, nicht zusammengesetzt. In „einfach" steckt das Wort „Fach", das etwas Abgeteiltes meint. Ursprünglich beschreibt es das geflochtene Fischwehr in Flüssen. Im Mittelalter nennt man das mit Flechtwerk ausgefüllte Zwischenfeld in einer Wand Fach. Man errichtet Fachwerkbauten. Später spricht man dann vom Fach im Unterricht oder von einem Spezialgebiet in Handwerk, Kunst und Wissenschaft. Da gibt es dann den Fachmann oder die Fachfrau, Experten also, die für dieses Fach besonders begabt oder gebildet sind. In dem Wort „einfach" klingt noch das „eine Fach" nach, das einen Fachmann braucht, der sich auf das „Eine" konzentriert. Für den Fachmann ist alles einfach. Er braucht die Dinge nicht zusammenzusetzen oder gar doppelt auszuführen. Er formt die

Dinge so, dass sie einfach und klar werden.
Es ist nicht so einfach, einfach zu leben.
Dazu braucht es den, der es versteht, das Eine
zu wollen.

# Kompliziere nicht das Einfache

Johannes XXIII. wird das schöne Wort zugeschrieben: "Vereinfache das Komplizierte und kompliziere nicht das Einfache." Vereinfachen meint nicht, dass ich die Dinge zu einfach nehme. Ich soll ihren komplexen Zusammenhang durchaus sehen. Aber ich soll das Komplizierte durchschauen und verstehen. Dann wird es für mich einfach. Und es braucht dann einfache Worte, um die Wirklichkeit zu beschreiben. Manche verkomplizieren das Einfache. Oft tun sie es, um einer Entscheidung aus dem Weg zu gehen. Sie machen alles kompliziert, damit sie einen Vorwand haben, nichts tun zu müssen. Sie rechtfertigen damit ihre Passivität. Papst Johannes XXIII., dem man bei seiner Wahl nicht sehr viel zugetraut und ihn bewusst als Übergangspapst gewählt hatte, hat die komplexen Zusammenhänge in der Kirche auf eine einfache Formel gebracht: "Macht die Fenster auf!"

Und damit hat er den Mut gehabt, ein Konzil einzuberufen, das die Kirche von Grund auf verwandelt hat.

# Kein Hindernis

In Diskussionen mache ich immer wieder die Erfahrung, dass manche jede Entscheidung hinauszögern. Sie suchen ein Hindernis nach dem anderen, sie spekulieren über etwas, das eintreten könnte, wenn wir diesen Weg weiter gehen. Ich merke, dass in mir dann oft Aggressionen aufsteigen. Ich habe den Eindruck, dass manche sich vor Entscheidungen drücken. Daher halten sie nach einem Hindernis Ausschau. Es gibt ihnen Grund genug, sich nicht entscheiden zu müssen. Manchmal meine ich, die Aggressionen seien Ausdruck meiner Ungeduld. Ich suche dann die Schuld bei mir. Da tat es mir gut, auf das Wort von Franz Kafka zu stoßen: „Verbringe nicht die Zeit mit der Suche nach einem Hindernis: Vielleicht ist keines da." Von ihm fühle ich mich verstanden. So werde ich weiterhin mutig auf Entscheidungen drängen. Und bei allen Hindernissen, die im Gespräch angeführt werden, werde ich genau hinschauen, ob sie eher im Kopf der Gesprächspartner als in der äußeren Wirklichkeit vorhanden sind.

# Durchblick

„Einfachheit ist das Resultat der Reife", sagt Friedrich von Schiller. Wir sagen manchmal eher abschätzig von einem Menschen, dass er sehr einfach sei, „einfach gestrickt", schlicht im Denken, fast etwas einfältig. Schiller sieht die Einfachheit als Zeichen eines reifen Menschen. Wer reif geworden ist, der ist auch in sich und mit sich eins geworden. Seine innere Einheit wird sich auch auf die Beziehung zu den anderen Menschen auswirken. Er wird ihnen gegenüber klar sein. Er muss sich nicht darstellen. Er kann es sich erlauben, einfach da zu sein. Seine Einfachheit im Denken und in seiner Ausstrahlung wirkt befreiend und einend. In seiner Nähe wird einem etwas klar, da klärt sich das Trübe in uns und wir blicken durch.

# Der kleine Schlüssel

„Auch eine schwere Tür hat nur einen kleinen Schlüssel nötig." Charles Dickens hat das gesagt. Worte sind wie Schlüssel, die etwas in unserer Seele aufschließen. Manche Theologen und Philosophen schreiben so komplizierte Worte und Sätze, dass sie uns die Tür zum Leben und die Tür zu unserem eigenen Innern eher verschließen. Es braucht nur einen kleinen Schlüssel, um eine große Tür aufzusperren. Wir müssen nur das Schlüsselloch finden. Das ist für mich die Aufgabe des Schreibens, dass ich mit einfachen Worten die Tür aufschließe zum wahren Leben. Natürlich habe ich immer wieder das Gefühl, dass ich den passenden Schlüssel noch nicht gefunden habe. Aber ich weiß, dass dieser Schlüssel ganz klein sein kann, ganz unscheinbar. Und doch geht auf einmal die Tür auf und ich betrete neue Räume, den Raum der Wahrheit und der Liebe, den Raum meines eigenen Innern, in dem zugleich Gott selber wohnt.

# Solidarisch leben

Mahatma Gandhi hat sich ausgezeichnet durch Bedürfnislosigkeit und Einfachheit. Er hat eine einfache Lebensweise vorgemacht. Das war für ihn nicht nur Ausdruck seiner persönlichen Askese. Er tat es vielmehr in Solidarität mit den Menschen. „Lebe einfach, damit alle einfach leben können." Sein Wort hat zwei Bedeutungen. Ich soll eine einfache Lebensweise praktizieren, damit auch die anderen überhaupt leben können und das Lebensnotwendige für sich finden. Die einfache Lebensweise ist dann Ausdruck meiner Solidarität mit allen Menschen. Ich kann das Wort aber auch so verstehen: Ich soll einfach *leben*, damit das Leben, das von mir ausgeht, auch die anderen lebendig macht. Wenn ich einfach *lebe*, dann ist das eine Einladung für die Menschen in meiner Umgebung, es auch zu wagen, einfach zu *leben*.

# In Wahrheit

Leo Tolstoi, der russische Dichter, der für sich selbst aus dem Luxus ausgestiegen ist und sich für eine einfache Lebensweise entschieden hat, schreibt in seinen Tagebüchern: „Einfachheit ist unabdingbare Voraussetzung und Merkmal der Wahrheit." Damit meint er nicht nur seine einfache Lebensweise, sondern auch die Einfachheit des Denkens. Die Wahrheit ist einfach. Das haben schon die griechischen Philosophen gewusst, die das Eine und das Gute und das Wahre zusammensahen. Das Sein ist einfach. Die Wahrheit ist die Unverhülltheit des Seins. Für die Griechen bedeutet Wahrheit, dass der Schleier weggezogen wird, der uns das wahre Sein verhüllt. Hinter dem Schleier begegnet uns das Sein als etwas Einfaches, in sich Klares. Und es bringt uns in die Wahrheit und in die Einheit mit unserem wahren Wesen.

# Nichts komplizieren

Erich Kästner zeigt in seinen Schriften sehr viel Menschenkenntnis. Er hat oft mit Humor die verschiedenen Charaktere beschrieben. So erkennt er im Hinblick auf die Menschen, die er beobachtet hat: „Manche Menschen benützen ihre Intelligenz zum Vereinfachen, manche zum Komplizieren." Das Vereinfachen ist für ihn Zeichen der Intelligenz. Wir sagen von einem Menschen, der in einer Diskussion die verschiedenen Meinungen auf einen Punkt bringt. Da wird auf einmal etwas einfach mitten im Chaos des Diskutierens. Und es gibt Menschen, die gar nicht aufhören, zu argumentieren. Und vor lauter Argumentieren versteht man gar nichts mehr. Sie benutzen ihre Intelligenz, um alles komplizierter werden zu lassen. Solche Diskussionsteilnehmer können uns manchmal auf die Nerven gehen. Wir haben den Eindruck, dass sie so kompliziert reden, um sich über die anderen zu stellen und um ihr Wissen herauszustellen. Aber zugleich ahnen wir, dass hinter ihren komplizierten Reden gar nicht so viel wirkliches Wissen steckt.

# Wenig Worte

„Um einander zu verstehen, brauchen die Menschen nur wenige Worte. Viele Worte brauchen sie nur, um sich nicht zu verstehen." So sagen eine indianische Weisheit, die universal gültig ist. Wenige Worte, die der andere versteht, schaffen eine tiefe Beziehung zum anderen. Worte sind Träger der Kommunikation. In Worten kommen wir uns näher. Aber wenn einer gar nicht aufhört zu reden, haben wir den Eindruck, dass wir keinen Fuß in die Tür zum anderen bringen. Wir finden keinen Kontakt zu ihm. Er hält uns mit seinen vielen Worten auf Distanz. Seine Worte schaffen keine Kommunikation. Sie wollen vielmehr verwirren, damit ich mich im Nebel der Worte verliere und dem anderen nicht zu nahe komme.

# Seligste Tage

Ein wichtiges Thema der Einfachheit ist das einfache Leben, der einfache Lebensstil. Der ist heute für viele Menschen, die bewusst leben, selbstverständlich geworden. Es ist kein Zeichen von Armut oder Einfallslosigkeit. Vielmehr hat ihr einfaches Leben eine eigene Qualität. Anspruchslose Schlichtheit führt zur Zufriedenheit und zu einer Schönheit und Klarheit des Lebens. Von diesem einfachen Leben sagt Jean Paul: „Man kann die seligsten Tage haben, ohne etwas anderes dazu zu gebrauchen als blauen Himmel und grüne Frühlingserde." Einfachheit hat für Jean Paul mit Seligkeit zu tun. Wer den blauen Himmel und die grüne Frühlingserde genießen kann, für den ist die einfache Lebensweise ein Weg zum wahren Glück.

# Alles geschenkt

Lao-Tse, der große chinesische Weise, hat die einfache Lebensweise als Anspruchslosigkeit und Genügsamkeit im Blick, wenn er schreibt: „Wenn du erkennst, dass es dir an nichts fehlt, gehört dir die ganze Welt." Wenn ich genug habe an dem, was mir Gott geschenkt hat, an meinem Leib und meiner Seele, an den Menschen, mit denen ich lebe, und an den Dingen, die ich besitze, dann gehört mir die ganze Welt. Ich bin einverstanden mit der Welt und so bin ich auch eins mit ihr. Und wenn ich eins mit der Welt bin, dann gehört sie mir. Ich fühle mich zur Welt zugehörig. In dem einen Augenblick, in dem ich achtsam durch den Wald gehe und den Duft der Bäume rieche, bin ich eins mit der ganzen Welt und letztlich eins mit dem Schöpfer des Alls. Und in diesem Augenblick habe ich das Gefühl: Alles gehört mir. Alles ist auch für mich da, mir gegeben von Gott, der auch mich geschaffen und mich mit seinem Geist erfüllt hat.

# Der wahre Meister

Manche beschreiben die Spiritualität als komplizierten Weg. In einer Zen-Geschichte wird deutlich, dass Spiritualität darin besteht, einfach das zu tun, was gerade stimmt: „Drei Zenschüler waren in Sorge, welcher ihrer Meister der frömmste sei. ‚Meiner ist so fromm, dass er tagelang fasten kann', sagte der Erste. ‚Nicht schlecht', sagte der Zweite. ‚Meiner ist so fromm, dass er nächtelang in der Meditation durchwacht.' ‚Mag ja sein', sagte der Dritte. ‚Mein Meister ist so fromm, dass er isst, wenn er hungrig ist, und schläft, wenn er müde ist.'"

Die wahre Frömmigkeit – so sagt uns diese Zen-Geschichte – besteht darin, einfach das zu tun, was gerade stimmt. Es geht nicht darum, aus seiner Spiritualität etwas Besonderes zu machen. Sie drückt sich vielmehr darin aus, einfach zu tun, was gerade dran ist.

# Ruh in dir

Dag Hammarskjöld hat als Uno-Generalsekretär viele Gedanken aufgeschrieben, die sein Leben prägten. Die Welt war erstaunt, als sein Tagebuch nach seinem Tod veröffentlicht wurde. Da zeigte sich der Politiker als spirituell suchender Mensch, ja als Mystiker. In einer komplizierten, von gegensätzlichen Interessen und Motiven geschüttelten und schwer durchschaubaren Welt hat er immer wieder auch über das Thema der Einfachheit nachgedacht. Eines Tages notiert er für sich: „Einfachheit heißt sehen, urteilen und handeln von dem Punkt her, in dem wir in uns selber ruhen. Wie vieles fällt da weg! Und wie fällt alles andere in die rechte Lage." Voraussetzung für die Einfachheit ist also das Ruhen in sich selbst. Wenn ich in Berührung bin mit meinem wahren Wesen, dann sehe ich auch die Dinge so, wie sie sind. Dann kann ich ihnen in meinem Handeln auch eher gerecht werden.

Wenn ich jedoch mit mir nicht im Einklang bin, dann sind meine Augen getrübt und ich sehe in allem meine eigenen Ängste und Bedürfnisse.

# Das Entscheidende

Leo Tolstoi hat Jesus sehr gut verstanden, auch wenn er als Dichter eine andere Sprache spricht als die der Theologie. Aber er ist überzeugt, dass die wahre Spiritualität darin besteht, einfach dort gegenwärtig zu sein, wo ich gerade bin. Ihm wird der Satz zugeschrieben: „Die wichtigste Stunde ist immer die Gegenwart, der bedeutendste Mensch ist immer der, der dir gerade gegenübersteht, und das notwendige Wohl ist immer die Liebe." Ich soll mir kein kompliziertes spirituelles Gebäude errichten. Entscheidend ist, dass ich jetzt in diesem Augenblick ganz gegenwärtig bin und spüre, was dieser Augenblick von mir erwartet. Es kommt darauf an, sich auf diesen Augenblick, auf diesen konkreten Menschen vor mir einzulassen. Und entscheidend ist dabei immer die Haltung der Liebe.

# Unkompliziert

Wir meinen oft, „einfach" sei gleichzusetzen mit „primitiv". Das wahre Leben sei aber kompliziert und nur in schwierigen Gedankengängen zu erklären. Heimito von Doderer hat das Gegenteil als richtig erkannt: „Ganze Sachen sind immer einfach, wie die Wahrheit selbst. Nur die halben Sachen sind kompliziert." Die Wahrheit ist immer einfach und klar. Wahrheit heißt: einfach sehen, was ist. Für die Griechen besteht die Wahrheit (aletheia) darin, dass der Schleier, der über allem liegt, weggezogen wird und wir auf das Wesen der Dinge schauen. Wir schauen in den Grund. Dort geht uns die Wahrheit auf. Wer zu kompliziert über die Dinge redet, der hat in aller Regel nicht das Ganze erfasst, der befasst sich eher mit halben Sachen. Wenn etwas ganz und heil ist, in sich abgerundet und vollständig, dann ist es immer auch einfach. Dann verstehen wir es auch. Wenn etwas in sich nicht ausgegoren ist, dann passen die Dinge nicht zusammen. Und wir können sie auch mit unserem Verstand nicht zusammenbekommen. Wir erleben sie als in sich verwickelt und verwirrt. Wir tun uns schwer damit, sie zu entwirren und zu ordnen. Die Dinge einfach zu machen – freilich nicht einfacher, als sie sind – das ist nach Albert Einstein ein Zeichen der Intelligenz.

# Je einfacher die Uhr

Sprichwörter drücken Erfahrungen aus, die Menschen über die Jahrhunderte hinweg gemacht haben. Im Deutschen gibt es das Sprichwort: „Je einfacher die Uhr, je besser geht sie." Wenn eine Uhr in sich klar und einfach konstruiert ist, dann ist sie auch zuverlässig. Und wir können ihr trauen. Heute sehnen wir uns manchmal nach der Einfachheit mancher Dinge. Das Autoradio wird immer komplizierter. Ich muss es erst einmal studieren, bevor ich es benutzen kann. Und dann ist gerade in dem Moment, in dem ich den Verkehrsfunk brauche, irgendetwas verstellt. Je komplizierter die Technik im Auto wird, desto anfälliger wird sie. Immer neue Modelle von Computern kommen auf den Markt, ohne dass wir in der Lage sind, die Technik gleich zu verstehen und handzuhaben. Wir sind offensichtlich Opfer unserer Sucht geworden, alles immer „besser", und das heißt komplexer und komplizierter, machen zu müssen. Manchmal besticht gerade die Einfachheit der Dinge. Was für die Uhr gilt, gilt nicht nur für die vielen Dinge, die heute nur noch durch eine komplizierte Elektronik funktionieren, sondern auch für unser Denken. Auch Denken braucht Einfachheit, damit es die Dinge so erfasst, wie sie sind. Einfachheit ist etwas, was nicht ablenkt, sondern uns zum Wesentlichen führt.

# Barfuß durchs Leben

Ein Hindu-Philosoph hat einmal formuliert: „Aller Reichtum gehört dem zufriedenen Geist. Ist nicht jenem die ganze Erde mit Leder bedeckt, dessen Füße in Schuhen stecken?" Wer barfuß über eine Wiese geht, der spürt mit seinen Füßen die Vielfalt der Natur, der ist in Berührung mit allem, was ist. Das Leder der Schuhe trennt uns von der Welt. Je mehr wir anhaben, desto größer ist die Schicht, die sich zwischen uns und die Erde legt. Was wir haben, das trennt uns vom Sein. Das Armsein und Leersein, das Offensein und Freisein bringt uns in Berührung mit der Welt. Nicht was wir haben, sondern was wir berühren, das gehört uns wirklich.

# Auch bügeln hilft

Die amerikanische Schauspielerin Meryl Streep hat ihren eigenen Weg gefunden, sich frei zu machen von Größenphantasien: „Man kann nicht arrogant werden, wenn man seine Sachen selber bügelt." „Arrogant" kommt von „ad-rogare" und meint: etwas Fremdes für sich beanspruchen, sich etwas anmaßen. Der arrogante Mensch beansprucht für sich einen Wert, den er nicht besitzt. Er weigert sich, sein Maß anzunehmen. Er mutet sich etwas zu, was sein Maß übersteigt. Er verbraucht viel Energie, um an seiner Fassade zu arbeiten. Seine Sachen selber zu bügeln, so meint Meryl Streep, bewahrt uns vor der Gefahr, uns maßlos zu überschätzen. Bei vielen meditativen Retreats werden die Menschen auch in die Alltagsarbeiten miteinbezogen. Sie helfen in der Küche. Sie reinigen die Toilette. Sie arbeiten im Garten. Dahinter steckt eine wichtige Einsicht. Meditieren bedeuten nicht „abzuheben". Auch und gerade ein spirituelles Leben sollte „geerdet" sein. Wer sein Zimmer selber putzt, wer seine alltäglichen Sachen selber erledigt, der spürt sein Menschsein und seine Begrenztheit. Dies verweist uns auf unser Maß.

# Raum zum Atmen

Viele meinen, sie müssten immer mehr haben. Die Gier nach Reichtum kennen wir alle. Letztlich ist es die Sehnsucht, endlich einmal genug zu haben, sich das leisten zu können, was wir möchten. Doch oft merken wir, wie besessen Reichtum macht. Er macht nicht glücklich, sondern süchtig: Wir müssen immer noch mehr haben. Henry D. Thoreau zeigt einen Weg zu einem Reichtum anderer Art auf: „Der Mensch ist um so reicher, je mehr Dinge er liegen lassen kann." Wer allzu viel tun will, der tut möglicherweise gerade das nicht, was wichtig wäre. Und er kommt nicht zu sich. Wer allzu viel Ballast aufhäuft, der hat bald keinen Raum und keine Luft mehr um sich herum. Wer alles, was er sieht, besitzen muss, der belastet sich selbst damit. Sein Haus wird immer voller mit unnützen Dingen, so dass er irgendwann selbst nicht mehr darin zu wohnen vermag. Denn er hat keinen Raum mehr zum Atmen. Die Dinge zu lassen, die ich sehe, mich darüber zu freuen, ohne sie haben zu wollen, das ist der Weg zu innerem Reichtum. Wenn ich alles haben muss, lebe ich in der ständigen Angst, es könne mir genommen werden. Die Bilder von den Dingen, die ich in mir trage, kann mir niemand nehmen.

# Die höchste Kunst

Die großen Weisen aller Zeiten, aber auch ganz normale Menschen mit ihrer Alltagserfahrung haben immer wieder zum einfachen Leben aufgerufen. Mary Jean Irion hat dieses einfache Leben im Blick, wenn sie schreibt: „Ganz normaler Tag, lass mich wahrnehmen, welch ein Schatz du für mich bist. Lass nicht zu, dass ich dich verstreichen lasse auf der Suche nach einem perfekten und seltenen Morgen." Wenn ich diesen Augenblick wahrnehme, dann liegt darin die Fülle. Wenn ich aber einen besonderen Sonnenaufgang erwarte oder ein besonders schönes Wetter oder eine wunderbare Landschaft, dann werde ich blind für die Schönheit des Augenblicks. Einfach den Augenblick zu leben ist die höchste Kunst des Lebens. Sie führt zu wahrem Leben, zu Dankbarkeit in jedem Augenblick.

# Genieße das Nichtstun

Thich Nhat Hanh zitiert die Erfahrung, dass wir oft zueinander sagen: „Sitz nicht so herum, tu was." Eltern und Lehrer verwenden einen solchen Satz gerne, aber auch Vorgesetzte. Eine Frau, die in ihrer Kindheit auf dem Bauernhof aufgewachsen ist, erzählte mir: Jedes Mal, wenn sie spielen wollte, sagte ihr die Mutter: „Es gibt soviel zu tun. Tu das oder jenes." Sie konnte es nicht aushalten, dass das Mädchen einfach nur da saß und den Augenblick genoss. Thich Nhat Hanh gibt den Rat, diesen viel gebrauchten Satz einfach umzudrehen: „Tu nicht einfach etwas, setz dich hin, sei da. Sei präsent. Genieße es, ganz lebendig zu sein, im Hier und Jetzt." Wer als Kind den ersten Satz immer wieder gehört und ihn sein Leben lang verinnerlicht hat, tut sich schwer, sich zu erlauben, einfach da zu sein, nur im Augenblick zu sein, ohne etwas leisten und ohne etwas vorweisen zu müssen.

# Betrachte die Sterne

Gerne fragen wir bedeutende Menschen nach ihrem „Vermächtnis", danach, was sie als Kern ihrer Einsichten an andere Menschen weitergeben möchten. Der russische Religionsphilosoph Pawel Florenski, ein genialer Gelehrter auf vielen Gebieten, hat das einfache Leben als Vermächtnis in sein Testament für seine Kinder aufgeschrieben: „Schon lange wollte ich dieses Euch aufschreiben: Betrachtet so oft Ihr könnt die Sterne. Wenn Euch schwer ums Herz ist, betrachtet die Sterne oder bei Tage den blauen Himmel. Wenn Ihr betrübt seid, wenn man Euch beleidigt, wenn Euch etwas nicht gelingt, wenn ein Sturm in Eurer Seele tobt, tretet hinaus ins Freie und bleibt allein mit dem Himmel. Dann wird Eure Seele zur Ruhe kommen." Der Vater wollte mit diesen einfachen Worten seinen Kindern ein Geschenk machen: Wenn sie die Kunst üben, einfach da zu sein und einfach den Himmel

und die Sterne zu betrachten, dann werden
sie ihr Leben in einer guten Weise bewältigen.
Ein Testament der Lebenskunst.

# Freudenlisten

Den Sorgen um die Zukunft das Gegenwärtigsein entgegenzusetzen und die Achtsamkeit auf das zu richten, was um uns herum ist, das ist die Kunst des einfachen Lebens. Der portugiesische Dichter Fernando Pessoa notiert in seinem „Buch der Unruhe", im Eintrag vom 21. Juni 1934, was er sich wünscht:

> „Weiter nichts …
> Ein wenig Sonne,
> ein kleiner Luftzug,
> ein paar Bäume, die die Entfernung einrahmen,
> der Wunsch glücklich zu sein …"

Hier sind die Sorgen weit weg. Hier wird nichts vermisst. Leben ist jetzt.

Freude kann man intensivieren, indem man sie sich bewusst macht. Bert Brecht hat eine Liste der einfachen Freuden aufgestellt. Um

Freude zu erleben, bedarf es nicht vieler und teurer Dinge. Für Brecht genügt:

> „Duschen, Schwimmen,
> Alte Musik.
> Bequeme Schuhe.
> Begreifen.
> Neue Musik.
> Schreiben, Pflanzen.
> Reisen.
> Singen.
> Freundlich sein."

Es sind die einfachen Dinge, die das Herz erfreuen. Das kann sich jeder leisten. Wir brauchen es nur zu tun. Nur wahrzunehmen.

Bei Johann Wolfgang von Goethe sieht die einfache Freudenliste etwas anders aus. Und doch steht hinter seiner Liste offensichtlich eine ähnliche Erfahrung, die auch Brecht mit dem einfachen Leben gemacht hat:

> „Man sollte alle Tage wenigstens
> Ein kleines Lied hören,
> ein gutes Gedicht lesen,
> ein treffliches Gemälde sehen und,
> wenn es möglich zu machen wäre,
> einige vernünftige Worte sprechen."

Die ersten drei Tätigkeiten sind eigentlich passiv, keine Aktivität im üblichen Sinn. Sie beziehen sich auf das Aufnehmen: Wir empfangen Freude, wenn wir ein Lied hören, ein Gedicht lesen und ein Gemälde anschauen. Das Lied dringt ins Herz, das Gedicht berührt uns und das Bild prägt sich in uns ein. Das Vierte müssen wir selbst tun: vernünftige Worte sprechen, Worte, die etwas klären, die Leben wecken, die ermutigen und erfreuen.

# Selbstvergessen – reines Sein

Wenn wir offen sind, schenkt uns Gott in der Natur – gerade im Frühling und im Sommer, wenn die Natur in voller Blüte steht – immer wieder Augenblicke des Glücks. Da duftet die Wiese, da verströmt der Wald einen bestimmten Geruch. Wir riechen, wir schmecken, wir hören und wir schauen die Fülle des Lebens. Es ist das Glück, das uns von außen entgegenkommt. Aber die Natur zeigt uns noch einen anderen Weg zum Glück; sie ist nicht abhängig von irgendeiner Jahreszeit. Wenn wir die Fülle des Lebens in uns selbst zulassen, dann sind wir glücklich, dann sind wir im Einklang mit uns selbst. Glück ist Ausdruck erfüllten Lebens. Die Fülle des Lebens ist da. Wir müssen sie nur ergreifen und uns ihr öffnen. Die Rose blüht ohne Warum, sagt Angelus Silesius. Wenn wir wie die Rose einfach nur blühen, ohne uns zu fragen, warum, dann sind wir im Einklang mit uns selbst.

Glück hat damit zu tun, uns selbst zu vergessen. Glück ist reines Sein. Immer wenn wir unser Glück allzu sehr begründen müssen, gehen wir am Glück vorbei. Wir brauchen viele Gründe, um uns glücklich zu fühlen, wenn wir nicht wirklich im Glück sind. Wer sich vergisst, wer ganz in dem ist, was er gerade tut, der ist glücklich. Es geht einfach nur um die Fähigkeit, da zu sein, ohne über sich nachzudenken, sondern einfach wahrzunehmen was ist, was in mir ist, was um mich herum ist und wie ich in Gott bin. Die Natur lädt uns ein zu dieser Fähigkeit, uns im Anblick der blühenden Schöpfung selbst zu vergessen und einfach nur mit unseren Sinnen wahrzunehmen, was sich uns an Schönheit offenbart. Wer sich in diese Schule nehmen lässt, der wird fähig, das Glück zu erfahren, das Gott ihm anbietet. Er wird lernen, dass viele Augenblicke des Lebens den Geschmack des Glücks in sich haben.

Herder spektrum Taschenbuch Band 7130

Gekürzte Ausgabe von „Lass die Sorgen, sei im Einklang"
Herder spektrum Band 7055

© Verlag Herder GmbH, Freiburg im Breisgau 2011
Alle Rechte vorbehalten
www.herder.de

Umschlaggestaltung und -konzeption:
Agentur R·M·E Eschlbeck/Hanel/Gober
Umschlagmotiv: © AGE-Mauritius/Designbüro
gestaltungssaal, Sabine Hanel
Satz: fgb · freiburger graphische betriebe
www.fgb.de
Herstellung: GGP Media GmbH, Pößneck

Gedruckt auf umweltfreundlichem,
chlorfrei gebleichtem Papier
Printed in Germany

ISBN 978-3-451-07130-0